共生の社会学

Sociology for Human Coexistence

ナショナリズム、ケア、世代、社会意識

岡本智周・丹治恭子 編著

太郎次郎社
エディタス

もくじ

社会意識

本書のねらい——共生の論理の社会学的探究

岡本智周

二〇一〇年代の日本では人文社会科学への風当たりが強いようで、いわく専門性が不明瞭だ、学んだ者の進路との対応が曖昧だといったことがまことしやかに語られるようになった。文科系の学問が「役に立つかどうか」は日本に限らず多くの社会で論じられていることであり、また歴史的に見ても、学問が役に立つとはそもそもどういうことなのかはつねに議論されてきたところである。学問の性質はそうした議論を経るなかで利得や限界とともに理解されてきたはずだが、「十八歳人口の減少や人材需要」とからめて大学における研究教育のあり方までもがそそくさと変更される状況では、そのような吟味もなされようがない。

いったいどのような人びとが「社会的なニーズ」を概念化し、いかなる手続きで人文社会科学がそれに応えられていないという判定が引きだされているのか、はっきり示されているわけでもない。社会についてそれらしく語られることが何に依拠しているのか、きわめて曖昧であるにもかかわらず、なんとなく実際の物事が動いてしまう——われわれが生きる現代社会はそんな傾向を多分に含んでいるといえよう。考えようによっては、いまこそそうした社会状況それ自体についてのきちんとした分析と理解とが求められているのであり、社会科学を学び、それに即してものを考えることが、まさに重要になっているともいえる。社会に対するこだわりなど不要だと喧伝されるときほど、じつは社会に向けられる鋭い眼差しが必要なのかもしれない。

本書はそうした風潮を他山の石として、「共生の論理」についての社会学的な探究を試みるものである。本書執筆者の半数は、かつて『共生と希望の教育学』（筑波大学出版会）という書物の刊行に参加し、同様の課題に取り組んだ。同書が意図したのは、社会的な共生がいかなるものかを概念化し、教育という人間の行為がそれにどう寄与するのかを示すことであった。日常語として浸透した共生という言葉には疑問や批判も多く投げかけられるようになったが、その状況をも考慮の対象としつつ、この言葉をもって社会や教育に求められるのが何であるのかを探索した。

幸いにしてこの意図は一定の成果を示せたようで、同書は幅広い読者に受け入れられることとなった。同書が願った、「共生をめぐる討議が継続されるための燃料」としての役割は、まずまず果たされているようである。そのうえで、共生を語ることそれ自体についての読者の率直な反応も大きく二点、これまでに感得されるところとなった。その第一は、「そもそもなぜ共生しなければならないのか、なぜ共生について考えなければならないのか」という問いであり、第二には、共生についての思考の先に生じる「それではわれわれは問題状況についてどのようにかかわりうるのか」についての問いである。

これらはまさしく社会学的な問いかけといえるだろう。共生が要請される問題は、社会的な立場が異なると別様にも受けとられるものであり、場合によっては問題そのものが認識されなくもなる。ある論題に精通している人も、別の論題については同じようには考えられないことが起こりうる。共生をめぐる議論において、「なぜこの話をしているのか」「自らとはいかなる関係にあるのか」についての部分は、よりていねいに共有されなければならない。

そのため本書では、とくにこれらの部分を意識した議論をおこなうこととした。社会についての記述を重ね、そこから引きだされる知見の意味を自ら磨き上げていくのが社会学研究の営為の本来だからである。第一の問いには、社会の多面的な現状把握を議論の基礎とすることで応じたい。共生への志向性は、現状の社会における法や制度や人びとの意識といかなる関係にあるのか。具体的には何がその志向性にとっての障壁になっているのか。これまでの社会認識の枠組みが採用されつづけることの非合理性を指摘することにもなろう。

第二の問いに関しては、共生にとっての利用可能な資源を具体的に名指す議論に結びつけたい。それらを参照することで拓かれる筋道、ならびにその資源を選択することによって生じるさらなる課題を示すことにもなるだろう。そこから、共生をめぐる問題状況の解き難さに対して、個々人がどのように向き合うことが可能なのか、あるいは社会全体にどのようなあり方を期待することができるのかを、共有することもできるだろうと考える。

本書が「共生の論理」についての社会学的探究をおこなうにあたって、「共生」をいかなるものととらえているのかもここで明示しておきたい。概念規定の経緯は、これも『共生と希望の教育学』と執筆者のその後の展開（たとえば拙著『共生社会とナショナルヒストリー』〈勁草書房〉に詳しいので参照されたいが、そこでの議論を前提として本書ではつぎのように考えている。

「共生」とは、「あるもの」と「異なるもの」の関係性を対象化し、両者を隔てる社会的カテゴリ（社会現象を整序する枠組み）それ自体を、いまあるものとは別なるものへと組み直す現象である。社会のなかにさまざまな違いがあることを認め、かつそれを前提としたうえでまとまりを志向するさい――すなわち〈社会のなかの多様性の尊重〉と〈社会の凝集性の重視〉を両立させようとするさい――、諸個人のなかではそれまで採用してきた認識の枠組みを更新する作用が生じる。もちろん、そのようにして新たに組み直された認識枠組みもまた、なんらかの排他性を帯びることを避けられないが、その「排他の事実」を認めつつ、暫定的なものとしての社会的カテゴリの更新をかぎりなく重ねていくことが、行為者水準における社会的共生のプロセスである。共生とはこのような継続的行為として進行するものだと、本書では想定している。

それゆえ「共生社会研究」とは、このプロセスを記述し解釈する営みだということになる。観察の対象となるのは、「あるもの」と「異なるもの」を隔てる社会的カテゴリであり、複数の社会的カテゴリのあいだの序列と葛藤の問題であり、それが組み直されていく動きである。そしてこの点でも議論を先取りしておくと、その動きには既存の社会的カテゴリ自体を改変し新たな認識枠組みを提出する作用と、カテゴリそのものは維持したまま、そのカテゴリが含む意味内容を変化させる作用とが見出されることになる。本書でも論題により扱う現象の性質は異なってくるが、後者の作用においても既存の社会的カテゴリの相対化（揺さぶり）が進行することには着目しておきたい。

また、「社会的カテゴリの更新」には行為者の意図によっておこなわれるものも、意図によらないところで生じるものもある。すなわち、「共生」は意図的に目指され遂行されるものと、人びとに無自覚なまま為されるものとがあるということになる。社会学は現象の記述と解釈に徹する学問であるため、本書においてもこれらの双方に対して等しく、現象の把握を目的の第一とした記述をおこなうことになる。共生にかかわって表明される理念や理想、あるいは価値や規範をめぐる葛藤は、行為者水準において描出し、その動態を分析する。共生が推進されるための利用可能な資源は、執筆者自身の価値や規範からではなく、記述のなかに示されることになる。

ただし本書全体をとおして、共生に関する一つの論調は共有されている。人びとが社会的な共生を果たすためには社会的カテゴリの更新という「動き」が必要となるわけだが、その動きは当然ながら社会全体の変動に呼応するものである。そして社会変動の動因もまた諸説あるが、本書ではその動因をとらえるにあたって個人化という現象に着目するところが大きい。従来の社会的カテゴリの無効性は、社会生活のあり方を決定する単位がしだいに個人へと向かう社会的力とのかかわりのなかで考察されることになる。

日本社会でも一九八〇年代以降に現象としての個人化が顕著になったといえよう。そのため二十一世紀に入ったころからは、前世紀型の社会生活のあり方を「とりもどす」ことが、いまある社会的葛藤を解消するための手段だと唱えられるようになり、一定の支持が集まるようにもなった。しかし本書では、そうした筋道では共生を要請する問題状況の解決には至らないと考えている。社会的カテゴリの非合理性の解消は個人化の進展と不即不離なものであり、個人化が生みだす問題もまた、個人化へのさらなる対応によって解決の糸口が見出されるとするのが、本書の基本的な姿勢である。

本書は、「ナショナリズム」「ケア」「世代」「社会意識」の四つの論題によって構成されている。これは、マイノリティからの社会的要請を体系化するために多文化社会論がこれまでとりあげてきた、「ジェンダー」「障害」「世代」「ナショナリティ」の問題系にそって思考を進めてきたことによる。

このうち「ジェンダー」と「障害」を論じるにあたっては、具体的な叙述の対象が子育て・介助・介護などの営為となることから、「ケア」の問題についての思考を束ねることとなった。また最後に「社会意識」の論題を設定し、これら社会的共生の課題が人びとの意識のなかではどのようにとらえられているのか、社会学界での論じられ方はどのように推移してきたのかを提示することとなった。

結果として得られた四つのパートは、それぞれ二つないし三つの章から成っている。各章は異なる題材をとりあげつつ共通の論題を掘り下げる。複数の章が連携することによって、共生が要請される問題が社会的カテゴリの更新によって解決される側面と、社会的カテゴリの更新によっても新たな問題が生みだされる側面の双方から、現代日本社会のありようについて考えていくことになる。その思考の先に、それぞれの論題ごとの社会的共生の方向性を示すことが、本書のねらいである。

ナショナリズム

人びとのアイデンティティには、
自らの集団の来し方を見つめ、
その歴史や伝統を共有することで
形成される面がある。
だが、社会のなかで語られる「伝統」は、
つねに現在の視点から選びとられ
再構成されたものである。
いま問われているのは、
かつての人間集団の姿を多様なままにとらえ、
豊かに活用することなのだ。

第1章

保守言論における「日本」と「危機」

――カテゴリの更新を拒む言説とその限界

平野直子

二十一世紀に入って十五年が過ぎた現在、社会が大きく変化したと多くの人が感じている。とくに、家族や国家・国民、男や女といったカテゴリは、もはや空気のようにあたりまえのものでも、だれにも同じように共有されているものでもなくなった。変化というのはかならずしもネガティブなものではないが、社会的カテゴリはわれわれの日常世界の理解の仕方にかかわるものであるため、その揺らぎはしばしば人を不安にさせる。そこで近年、過去にあったとされる社会のあり方を「守ろう」「とりもどそう」といった言葉が、広く関心を集めるようになってきた。

伝統的とされる価値や習慣、それにもとづく文化や社会制度などを重視する立場は、（それらを改革して新しい社会をつくろうという「革新」などに対して）一般に「保守」と呼ばれる。近年目立つ、「伝統」

や「日本」を守ろうという呼びかけも、「保守」を名乗る人びとによってなされている。ただし、彼らがたとえ伝統を掲げていようとも、実際に提示されているのは、日常世界の見方の動揺に対抗するための、ツールとしての新たな世界像なのである。「保守」の言説は、守るべき善きものをすべて備えた理想像として「いまはなき過去の日本」を掲げるので、しばしばナショナリズムの高まりとして注目される。しかしそこで問題となっているのはネイションの位相だけではない。その中核には、家族やジェンダー、個人と地域に関するアイデンティティなど、あらゆるカテゴリの変化（更新）を日本戦後史のネガティブな結果として描き、特定のあるべき姿をだれもが受け入れることがそこからの救いであるかのように説く「物語」が存在する。

本章では、このような現代の「保守」の言説にみられるカテゴリの更新を拒む立場について詳しく確認しておこう。それが後期近代社会の高まりつづける流動性を押しとどめようとするようにみえて、実際には新たな更新やリスクを呼び起こしているのを確認することは、「なぜ社会的カテゴリの更新を主題とする必要があるのか」という問いに対して一つの答えを与えてくれる。

◉——「保守」という立場

日本における保守の言説といっても、守るべき「伝統的な国民性」の内容や皇室への見方などの点でも、無数のバリエーションがある。また時代により保守に対置されるもの、その言葉に人びとが込めるものもさまざまである。たとえば、日本における保守とは、戦後長く「反共」、つまり共産主義・社会主義に対抗するという政治的な立ち位置と結びついていたが、冷戦が終わった一九九〇年以降、少なくとも言葉として反共はあまりみられない。

そのなかで、二〇〇〇年代の日本の保守思想の特徴は、しばしば「ナショナリズムの高まり」であると語られてきた。冷戦終結後、世界的に活発となったナショナリズムの高揚や排外的な主張と同様、社会の流動性の高まりの反作用であるとされる。一九九〇年代に長く続いた不況や、北朝鮮（朝鮮民主主義人民共和国）による拉致問題への関心の高まりを経て、安全保障問題を中心に日本国家の「危機」を叫び、「国を愛する心」をもつよう人びとに要求するような言説が、活発に生みだされるようになったのが二〇〇〇年前後である。

こうした言説を生みだすのはおもに、保守を名乗るメディアや団体、人物であるが、その関心はナショナリズムにとどまらない。同じ二〇〇〇年代前半には、「ジェンダーフリー教育」や男女共同参画計画などに対する激しい反発（バックラッシュ）が起こり注目を浴びたが、その中心となったのも、同じ「保守」系団体や政治家、メディアであった。当時、ジェンダー研究の第一人者としてバックラッシュ言説の矢面に立った上野千鶴子は、ジェンダー・カテゴリを更新しようとする取り組みを「自然な性差やそれに基づく役割分担を否定しようとするもの」だとして批判する人びとが、同時に「靖国問題や天皇制、そして日の丸・君が代問題」を論じていると指摘した（上野ほか［2006］383）。

これら「保守」言説の関心事項はほかにも、個人より集団を重んじる価値観や家族の価値の重視、「自虐的」ではない歴史認識の啓蒙活動など、多岐にわたる。さらに、これらがいずれも失われたり危機に陥ったりしていると認識したうえで、それらを守り、あるいは復興させるべきと主張する。

上野は彼らのもつこうした「危機感」について、「ポスト冷戦以降のグローバリゼーションのもとでの、日本の地位の不安定さと、不況から来る不安感」から来ていると分析している（上野前掲書）。こうした指摘は、保守を名乗る団体に対する他の調査や取材にもみられるものだが、その当否はひとまず措いておこう。ここで見ていきたいのは、彼らがもろもろの局面で見出した「危機」が、なぜ、どのように「（国民国家）日本を守れ」という声に集約されるのかということだ。

◉──プラットフォームとしての保守運動団体

前述のとおり、「保守」の考えをもつ人びとを集め、言説を（再）生産するプラットフォームとして、「保守」系団体（以下、「保守団体」と表記する）は重要な役割を果たしている。近年話題となった保守を掲げる団体としては、「新しい歴史教科書をつくる会」[*1]（以下、「つくる会」）や、過激な排外的主張が目立つ「在日特権を許さない市民の会」[*2]が挙げられる。これらはいずれも「草の根保守」と呼ばれ、とくに社会運動などとは縁のなかった市民が、不安定な社会で「アイデンティティの核」を求めて作る小さな集団として描かれてきた。共同体から遊離したバラバラの個人からなる凝集性の弱い団体で、それ以前の保守勢力とのつながりが薄く、「反共」や天皇制へのこだわりも弱いとされる（小熊・上野［2003］、安田［2012］）。

これらだけを見ていると、現在保守を名乗って活発に活動しているのは、冷戦後の社会への対応能力が弱いか、過敏な反応をする、社会のマイナーな一部分のようである。しかし二〇一五年現在、第三次安倍晋三内閣のもとで、安全保障法制の改革や学校における道徳の教科化など、「保守」言論が主張していた事柄の一部が実現されつつある。与党・自民党は綱領のなかで、「家族、地域社会、国への帰属意識を持ち、公への貢献と義務を誇りを持って果たす……伝統的な国民性、生きざま即ち日本の文化を築きあげた風土、人々の営み、現在・未来を含む三世代の基をなす祖先への尊敬の念を持つ生き方の再評価……即ち日本らしい日本の確立」、「日本らしい日本の保守主義」をうたい、多くの保守団体の支持を受けている（自由民主党［2010］）。保守の看板にしろ、その特徴的な考え方にしろ、それらは社会のマイナーな一部分どころか、戦後日本でもっとも強固な勢力基盤を築きあげ、社会の全般に強い影響力を及ぼしうる人びとのものなのである。

二〇一五年現在の自民党政権を支持する保守団体のなかで、「日本会議」の存在感はとくに大きい。一九九七年、「日本を守る会」「日本を守る国民会議」が合同して生まれた同会は、「真正保守」を掲げ、現在最大の保守団体と目されている。「日本会議国会議員懇談会」（日本会議議連）には、与野党あわせて二百八十人あまりが所属[*3]し、第二次安倍内閣では十九人中十五人の閣僚が会員であった。副会長三名のほか、役員のほとんどが内閣関係者で、安倍首相と麻生太郎副総理・財務相は特別顧問を務めている。[*4] 地方議員連盟には約千七百人が加盟している。

「日本会議」を支える大きな力となっているのは宗教団体や修養団体である。なかでも神道界とのつながりは深い。[*5] しかし日本会議が神道界を代弁しているというわけではなく、同会にはほかにも佛所護念会教団、念法眞教、新生佛教教団、解脱会、大和教団、倫理研究所、モラロジー研究所、神道禊教、神理教、信貴山真言宗といった宗教・修養団体が名を連ね、事務局業務などの協力をおこなう団体もある。[*6] 戦没者遺族会の存在感も大きい。

これらはいずれも、長い歴史と安定した基盤をもつ凝集性の高い組織で、冷戦期からの保守運動との連続性も明らかである。「草の根保守」の観察から導きだされたイメージとはかなり遠い。これらの一見社会に強固な地盤をもつ層の人びとは、どういう意味において「危機」に脅かされ、何を守ろうとしているのだろうか。以下、日本会議の機関誌『日本の息吹』を題材にして検討してみよう。

◉——「危機と救済の物語」

『日本の息吹』は日本会議が発行している四十ページ前後の月刊誌である。冒頭には皇室の動向を扱うグラビアページがあり、会の活動報告や連載コラムのほかに、毎号三本前後の記事が掲載されている。**表1**は、二〇一三年四月号から二〇一五年三月号までに『日本の息吹』に掲載された記事のおもなトピックと記事タイトルの例である。執筆者のなかには、『産経新聞』や『正論』、『Voice』『Will』などの「保守」系メディアでコンスタントに記事や対談を載せている、ジャーナリストの櫻井よしこや哲学者の長谷川三千子、法学者の八木秀次、評論家の小川榮太郎、元外交官の馬渕睦夫、教育学者の高橋史朗らがしばしば登場している。そのため、『日本の息吹』を例にして、保守を標榜する人びとに共通の関心や主張をうかがい知ることができる。

この時期には、最高裁での非嫡出子相続差別違憲判決（二〇一三年九月）や、伊勢神宮の式年遷宮（同年十月）、

表１　月刊『日本の息吹』掲載記事のおもなトピックと記事タイトルの例（二〇一三年四月号～二〇一五年三月号）

種類	種類	記事タイトルの例
憲法	憲法改正	杉田武男「なぜ日本青年会議所は『憲法草案』を出したのか」（一三年五月号）
		三好達、櫻井よしこ、高市早苗、平沼赳夫、松原仁、浅尾慶一郎ほか「憲法改正の実現へ！日本会議全国代表者大会」（一四年一月号）
		小川榮太郎「安倍政権と憲法改正」（一四年六月号）
		桂福若「落語で語る憲法改正『これでええんか、占領憲法』」（一四年十月号）
		櫻井よしこ「憲法改正に魂込めて」（一四年十一月号）
		青山繁晴「正憲法にてこそ祖国は甦る」（一四年十二月号）
		平川祐弘「日本の国柄にふさわしい憲法を」（一五年二月号）
	非嫡出子相続差別問題	櫻井よしこ「日本人をダメにする憲法」（一三年十一月号）
		八木秀次「〈非嫡出子相続〉最高裁『決定』に物申す」（一三年十二月号）
安全保障		香田洋二「自衛隊に警戒監視任務を与えよ」（一三年六月号）
		「集団的自衛権の行使容認に関する日本会議見解」（一四年八月号）
		西元徹也「現場からみた我が国の安全保障法制の現状と課題」（一四年九月号）
		渡辺利夫・小川榮太郎「歴史的情念に衝き動かされる世界——生き残りの戦略」（一五年一月号）
	沖縄基地問題	「沖縄基地問題の早期解決に向け、県民の会結成へ」（一三年九月号）
		森本敏「沖縄基地問題解決への道」（一三年十一月号）
		『基地移設問題』——これが沖縄の真実の声だ！辺野古移転を進める署名活動に邁進中」（一三年十二月号）
	領土問題	石井望「中国の尖閣領有権の妄説を撃つ」（一三年四～八月号）
		北村淳「尖閣諸島の実効支配を失う日——中国の対日脅迫の切り札とは何か」（一四年四月号）
		「中国から小笠原諸島、日本の海を守れ！」（一五年一・三月号）
戦没者慰霊		小島知宏・河原英照・柳下純悠「ミャンマー少数民族支配地域に残されたご遺骨の帰還を」（一三年八月号）
		奈美木映里「今、日本はいい国ですか？——特攻隊隊員からのメッセージ」（一四年三月号）
	靖国神社	大原康男・三好達・長谷川三千子・中條高徳・衛藤晟一・石平「第27回戦歿者追悼中央国民集会」（一三年十月号）
		「安倍首相、初の靖國神社参拝」（一四年二月号）／安倍首相の靖國神社参拝に関するメモ（２）（一四年三月号）

歴史	第二次世界大戦	長谷川三千子「主権回復と日本を取り戻す使命」（一三年八月号）
		長谷川三千子「神やぶれたまはず——昭和二十年八月十五日正午という瞬間」（一三年十月号）
		中村五郎「全国最年少生き残り元特攻隊員の証言」（一四年八月号）
		田中英道・馬渕睦夫「新春対談　戦後レジームを打破し、日本文明の可能性を切り拓こう！」（一四年一月号）
	近代史	加瀬英明・福冨健一「対談　日本最良の時——大東亜会議と大東亜共同宣言」（一三年十二月号）
		田中孜「ベトナム独立秘史——潘佩珠と浅羽佐喜太郎」（一四年四月号）
		廣木寧「合宿教室へのいざない～吉田松陰『下田踏海事件』」（一四年七月号）
		井本勝幸「『ビルマのゼロ・ファイター』民族解放の夢」（一四年十二月号）
従軍慰安婦問題		西村幸祐「なぜ慰安婦？　情報発信機関の設置を急げ」（一三年七月号）
		目良浩一「『慰安婦像』に抗して——在米日本人の戦い」（一三年十一月号）
		勝岡寛次「『慰安婦』政府資料が証明する《河野談話》の虚構」（一四年九月号）
台湾		李久惟「WBC秘話、日本と台湾『魂のベストゲーム』はこうして生まれた」（一三年九月号）
		李登輝「指導者能力の修練」（一四年八月号）
		許世楷・盧千恵・王明理「日台の絆は永遠に」（一四年十月号）
教育		「これが高校日本史教科書の実態だ！」（一三年七月号）
		「安倍・教育改革が伐り拓く、新しい地平」（一三年四月号）
		高野修滋「掃除が生徒の心に火を点ける」（一三年四月号）
		［連載］高橋史朗「日本を取り戻す教育」（一四年五月号～）
		［連載］村主真人「新教育基本法下の教育改革」（不定期連載）
	道徳教育	貝塚茂樹「道徳の教科化が必要な理由」（一四年六月号）
神道		熊谷航「東日本大震災で津波が止まった神社の奇跡」（一三年八月号）
		音羽悟「神宮式年遷宮の歴史について」（一三年十月号）
		三好達（日本会議会長）・稲田美織「遷御の儀を奉拝して」（一四年二月号）
		吉木誉絵「日本人のルーツ、古事記を若者に」（一四年二月号）
		栗山要「古事記を読めば大和心が動き出す——恩師阿部国治先生に学んだ古事記の読み方」（一五年二月号）

※本表は、内容が雑多な連載コラムや会の活動報告ページを除いて記事をカテゴリごとに整理したうえで、各カテゴリの特徴を表す記事タイトルを挙げたもの。

※執筆者名がないものは『日本の息吹』編集部による記事。　※巻頭には毎号、皇室のグラビアページが掲載されている。

安倍首相の靖国参拝（同年十二月）があり、記事もそれに関するものが多い。ただ、それをのぞいても「憲法」「安全保障」「歴史（とくに第二次世界大戦とアジア近代史）」「戦没者慰霊」「教育」「神道」「日本の賛美」といったトピックが頻出しているのがわかる。

一見雑多なトピックの羅列のようだが、ただの危機感や啓蒙意識の寄せ集めというわけではない。じつは、執筆者やトピックが異なる記事でも（あるいは『日本の息吹』以外の保守メディアでも）、その背後には、きわめて似通った、特定の筋立てのストーリーが存在する。そのいわば「危機と救済の物語」と呼びうるものを各々の記事から拾い上げ、主要な構成要素を抽出してみると、以下のようになる。

【要素1】時間的・空間的に一貫した国家「日本」とその伝統

大前提として、第二次世界大戦前の「日本」は、時間的にも空間的にも、一貫した伝統と枠組みをもつものであったとされる。その固有の伝統の基盤となっているのは神道であり、それは宗教というより共有されたメンタリティや哲学である。また、日本の伝統のなかにある日本人は、「勤勉」「謙譲」「和を尊ぶ（＝個よりも集団を優先する）」といった固有の性質をもっており、それはとても美しいものであるとされる。

また、伝統的日本は家族の絆をとても重視しており、家族成員がそれぞれの役割を果たすことによって家族が和合し、その調和した関係性が個々の円満な人格をつくることで社会秩序の土台がつくられ、美しい「国柄」へとつながっているとされる。保守系新宗教における「修身済家治国平天下」型救済観によく似た、垂直的な人間関係による調和のユートピアが想定されている（塚田［2015］22）。

【要素2】戦後の占領による「ユートピア・伝統日本」の喪失

しかしそのような調和の世界は、第二次世界大戦後の占領政策によって失われたとされる。とくに、冷戦後の世界情勢のなかで占領軍の総司令部（GHQ）は日本を弱体化させる必要があり、戦前・戦中の日本を悪しきものと決めつけ、日本の強みであった伝統的心性を否定するような政策をおこなったという。また、集団の和を尊ぶ日本人の美徳を否定し、個人の権利だけを重視するような（これは「近代合理主義的」とも「共産主義的」とも形容される）価値観にもとづく憲法を押しつけたとする。

この新憲法的な価値観は、「民主化」の名のもとに、戦後の日本人の精神に強く植えつけられてきたとされる。現在の多くのマスメディアやそこに登場する「知識人」は、この価値観に「洗脳」されているか、日本を破壊する悪しき目的をもって、この「戦後民主主義」「戦後レジーム」を礼賛する傾向があるが、そのことに気付いているのは、「健全な常識」を維持する少数の人間だけだという。

【要素3】現在の危機

新憲法に体現された戦後民主主義の精神と、戦前・戦中の日本を悪しきものと決めつける「自虐史観」は、学校教育（共産主義に影響された日教組が大きな影響力をもつ、としばしばいわれる）を通じて、現代日本人の精神に浸透しているとされる。その結果、現代の日本人は個々人の権利を主張するばかりで、日本の伝統のなかにあった、集団内での役割や義務を勤勉に果たすという美徳を失ってしまった。国を愛する心に裏付けられた誇りやアイデンティティを失い、行動基準や「公」への動機づけがなくなったことで、社会秩序も崩壊しつつある。これが、近年の日本の経済的な地位の凋落や家族の崩壊を招いているとされる。家族や国家より個人を優先し、国を守る気概を失った若者ばかりでは、少子化や東アジア近隣諸国との領土問題などにも対応できないという。

【要素4】問題解決（救済）へのプログラム

このため、喫緊の課題は現行憲法を「伝統」「日本の国柄」にあったものに戻すことと、「本来」の（彼らの考える）よき日本の「伝統」を、学校教育によって普及させることである。しかし「正常」「健全」な感覚をもつ人びとは少数派で、多くの人びとはまだ戦後レジームの価値観のなかにいるので、主要マスメディアに対する断固たる働きかけや宣伝によって、世論を変えるべく努力していくことが重要である。

上のストーリーは、明確にまとめられたり言葉にされたりしてはいないが、『日本の息吹』もしくは多くの「保守」論壇の記事が自明の前提としているものである。『日本の息吹』におけるトピックの雑多さは、社会運動として多くの人を動員するには一見不都合なようにみえる。しかしこれらのトピックは、上のようなわかりやすいストーリーのなかに位置づけられ、有機的に結びついている。日本会議を支える多くの宗教団体や修養団体は、それぞれに目的や崇拝する対象が違っていても、この物語を土台にして近現代の日本社会の見方を共有しているといえる。

ここにはさらに、注目すべき特徴が二つある。第一に、家族や地域共同体、国家など、つねに個人より集団により高い価値がおかれていることである。より大きな単位に対して小さな単位が義務や役割を果たすということが重要視される一方、それによって個人や小さい単位が被る被害への意識は希薄である。あるいは、小さい単位が被害を甘受するのと引き換えに大きい単位が保護を与えるという、垂直的な関係図式が描かれる。

たとえば沖縄の基地問題については、国の安全保障に基地が重要な役割を果たすということが強調され、それを「理解」しない沖縄（という、より小さい単位）の反対運動が批判される。また、辺野古地域の埋め立て反対運動は、普天間基地の危険性の解決を阻むものであり、沖縄全体（という、より大きな単位）の利益を侵害するものと「冷静」な県民から批判的にみられている、と主張される。*7

非嫡出子相続差別の違憲判決についての、八木秀次の批判にも同じような傾向が表れている。

> 婚姻共同体のなかに生まれた子供と婚姻共同体の外に生まれた子供と、どうして現民法は区別しているかというと、それによって婚姻共同体を保護しようとしているからです。……分かりやすい例は介護です。親への愛情とともに、両親が形成した婚姻共同体の一員としての自覚があるからこそ、嫡出子は親に介護が必要になったとき一所懸命に介護するのでしょう。そして婚姻共同体が法的にも保護されているという証が法定相続において非嫡出子との差が保障されていることだとすれば、今回の「決定」がそれを取っ払ったのですから、介護への意欲が減退し

てもおかしくない。……まさに今回の決定で危惧されるのは、法律婚の軽視であり、婚姻共同体の危機です。そして、それこそ家族解体を目指す人の思う壺です。（八木秀次「〈非嫡出子相続〉最高裁「決定」に物申す」二〇一三年十二月号、傍線は引用者）

非嫡出子への相続差別の撤廃は、非嫡出子個人に対する権利の侵害を克服するという観点から、最高裁の大法廷において全裁判官が一致して下した判断である。これに対する八木の批判は「家族共同体の保護」を優先すべきというもので、なおかつ家族と個人の関係は、介護や経済的な貢献といった個人の献身に対して国・社会が家族共同体を通じて恩顧を与えるという、垂直的なものとして描かれている。

第二の特徴は、他者への不信感である。自分たちを「目覚めている少数派」とみなす一方、それ以外の人びとと討議してよりよい第三の道を見出すというような考え方はしない。意見の異なる他者とのやりとりは、「攻撃」と「守り」、「洗脳」と「宣伝」といった言葉で表される。たとえば教科書検定や歴史認識問題について、彼らが歴史学の専門家による検証などに不信をもっているのは、研究者たちが学問的な関心ではなく、（日本に不利益をもたらすためにつくられた）「戦後民主主義」「戦後レジーム」のプロパガンダのために動いていると考えるからだ。

馬渕　……とくに、今日まで悪影響を及ぼしているのは、マルクス主義のなかのフランクフルト学派といわれる勢力の「批判理論」という手法です。即ち、文化的規範や伝統的社会秩序を批判し破壊することで、革命の温床を作ろうという戦略です……日本国憲法もGHQに入り込んだ彼等の路線によってつくられたといえるのです。……そこから戦後の思想的混乱がもたらされた。これが戦後レジームの正体です。

田中　……プロパガンダは戦争の一部として組み込まれており、嘘をまき散らして相手の戦意を阻喪させよう、あるいは、相手を道徳的に貶めようという情報戦略の一貫なのです。……安倍総理が、「戦後レジームからの脱却」と言ったことは、我々がかつて洗脳され、今も洗脳され続けている戦後という時空間を客観化することによって、その洗脳から覚めようという意図があったと思います。

安倍総理は、「歴史認識の問題は政治家ではなく歴史家の問題だ」と言われていますが、正にその通りです。しかし、その正しい歴史認識をしなければならない学者たちの間に、イデオロギーが入り込んでいることには注意しなくてはなりません。（田中英道・馬渕睦夫「新春対談　戦後レジームを打破し、日本文明の可能性を切り拓こう！」二〇一四年一月号、傍線は引用者）

より根源的な問題は教科書検定でせう。今後永続的に歴史教科書を反日史観、東京裁判史観、左翼史観の宣伝道具にさせないためには、まつたうな検定基準と検定官人事を定着させておかねばならない。ある方から伺つたが、文科省の教科書検定官と話をすると、最後には学会雑誌での発表論文が基準だとか、歴史事典が基準だといふ話になると言ひます。御承知のやうに、歴史事典は未だにマルクス史観と反日史観の強固な影響下にある。この事態にメスを入れないと外野でどんな提言をしても、どんな保守的な啓蒙活動や抗議活動をしても、事態を解決できない。（小川榮太郎「安倍政権と憲法改正」二〇一四年六月号）

もちろん、引用文中のＧＨＱと共産主義の関係の「事実関係」やフランクフルト学派の定義などは、とうてい「保守」言論の外では通用しない怪しげなものである。それはともかくここで注目したいのは、歴史の語りや社会的カテゴリの意味づけが、さまざまな社会的勢力が作用しあうなかで構築されるものであることを、彼らが認識しているということである。しかし、競合する語り方をする他者は、彼らの物語のなかでは悪しき意図をもっている（もしくは無意識に利用されている）ものと位置づけられている。そこで「目覚めた少数派」である彼らにとって重要なのは、正面きっての議論より、対抗宣伝と「工作」により、彼らにとってのあるべき意味づけや語りを、社会で支配的なものとする運動ということになる。

現場でどう改善、解決するかが問はれてゐる、さういふ課題が山積してゐる。が、体と同様ツボがある。その事を考へて頂きたいのです。……署名で事態を動かす、これは非常に手間がかかりますが、某新聞の某デスクを黙らせると劇的に事態が変るといふやうな事です。我々保守派は完全な少数派です。数で日本を変へる努力の積み重ねは実に尊いが、それだけでは日本は取り戻せない。

しかし、この会場にいらっしゃる五百人の方全員がそれぞれツボを見つけ、そのツボ目掛けて動いたらどうか。事態を劇的に改善するツボは必ずある筈だ。（同上）

◉——物語と歴史と教育

彼らがあるべきとする歴史の語りには、和を尊び共同体を尊重する、一貫した伝統と枠組みをもつ、ユートピア的な「かつての日本」が根底にある。彼らの物語にとって、人と集団と環境が調和する「伝統的日本」は、「危機」を乗り越えるプログラムの正統性を支え、ゴールをも設定する、不可欠の求心力である。一方、彼らはその過去の日本像が資料にもとづく妥当なものかといった点には興味を示さない。さらに、それを検証しようとする社会科学や歴史学、メディアなどを、彼らの善なる行動を阻むものと見なし批判する。彼らは、歴史の物語が政治的な諸力のなかで構築されていくものだという認識を持ちながら、それを特定の歴史の語りを本質化することへの反省とするのではなく、〈だからこそ政治力をもって歴史の語り方を統制しなくてはならない〉という考えにつなげる。

その最大の目標となっているのが、学校の歴史教育である。彼らのプログラムでは、自虐的に「偏向」させられた日本歴史観を正し、彼らの提示する「正常」な像を提示すれば、子どもたちに愛国心と揺るがぬアイデンティティが育ち、集団に対する義務と役割を積極的に受け入れる国民に育つということになっている。このようなアプローチのもとでは、現代の歴史教育現場がとりいれているような、「国民」を近代の産物として理解したり、「天皇」や「日本」の歴史的起点など、歴史を語るための観念それ自体について考えることを可能にするような教育は、価値が見出されえない。

道徳の教科化や検定教科書の作成にも、同じようなことがいえる。文科省の「道徳教育の充実に関する懇談会」委員を務め、育鵬社から出版された道徳教科書制作にもかかわった貝塚茂樹は、道徳教育ののぞましい姿をつぎのように述べる。

学校の道徳の時間の副読本や教材では、実践的なことは敢えて教えず、ひたすら登場人物の気持ちを類推し、心の葛藤だけに重点を置いた教材が多かったのです。……例えば、電車の座席に座っていると目の前に杖をついているおじいさんが立っていた。自分が立って席を譲ったらいいのはわかっているが、……「格好つけやがって」と思われるかもしれない。あるいは、おじいさんに断られたらどうしよう、などと延々と考えさせようとする。そんな授業が道徳の時間に行われてきたわけです。

……道徳の究極の目標は「習慣化」ですから、行動に結びつくということこそ大事なはずで、電車の例でいえば、考えるより先にサッと立つ、それが礼儀だと教えればいいのです。（貝塚茂樹「道徳の教科化が必要な理由」二〇一四年六月号）

ここには、基本的に道徳を「礼法」、つまりルールや方法の知識として教え、かつ身体化させるものとの考えがみられる。従来の道徳教育のスタイルは、「何がのぞましいふるまいか」を知識として教えるだけでなく、それを裏づける理由に目を向けさせ、考えさせるものだった。しかし貝塚はそのような教育を、子どもたちを迷わせ秩序感覚を失わせるものとだとし、まずはあるべき（と彼らがみなす）規範をはっきりと示し、根拠を問うまえに記憶させるべきとする。

◉——問い返される物語

『日本の息吹』の執筆者たちが示す物語や、危機の解決へのプログラムは、たしかに先行きの見づらい社会で浮動する人びと（「草の根保守」に集まる人びとのような）にとって、すべての不安を一挙に解決する処方箋になるのかもしれない。一方、それを提供する保守団体やその周辺にいるのは、前期近代の日本で強固な地歩を築いてきた人びとで、彼らにとっての「危機と救済の物語」は、「国民国家」や性別分業家族などの前期近代的カテゴリを更新せずに現状の社会問題をすべて解決できると主張している点で、ひじょうに都合のよいものである。

ただし、どちらにせよ後期近代の社会・経済状況にあっては、彼らが提示する伝統にもとづく「あるべき日本（人）の姿」は、示されたそばから即座に問い返しにあってしまう。

その典型的な例が、道徳の検定教科書のモデル教材、『私たちの道徳』五・六年生版に掲載された、「江戸しぐさ」の問題である。同書は二〇一四年に文部科学省から発行されたものであり、「礼儀とは真心の表れ」という項で「伝統的な礼儀作法は、心を形で表わすことの大切さを示している」としたうえで、その実例として茶道や武道などの礼法とともに、二ページにわたって「江戸しぐさ」を紹介した（文部科学省［2014］58-59）。そこでは、「江戸しぐさ」とは江戸時代の人びとの生活の知恵から生まれた、他者に配慮した身振りや行動の規範だと説明されている。しかしこの「江戸しぐさ」が、江戸時代に実在していたかはきわめて疑わしいことが、同書の公表前からしばしば指摘されており、現在はこれを検証する書籍も刊行されて広く知られつつある（原田［2014］）。多くの人がなんとなく同意するであろう、「伝統的」な礼法の正しさや価値についての記述であっても、その根拠に疑わしい点があれば、即座に指摘され、広く知られて信頼を失ってしまうのである。

こうした事態は、さまざまな情報にだれもがすぐアクセスでき、「正しさ」の根拠がつねに問い返されていく現代社会にあってはいつでも起こりうる。「保守」の解決のプログラムにおける教育観にみられるような、一つのあり方や規則を唯一の正解とし、その更新を拒むような姿勢は、現代社会においてはひじょうにリスキーなのである。

◉——少子化への危機感と割れる意見

また、経済・社会的な条件の苛酷な変化によって、『日本の息吹』の執筆者たちのなかにも、物語の筋立てや有効な解決プログラムについて意見の相違が生じている。

とくに重大な意見の相違がみられるのは少子化問題である。少子化問題は『日本の息吹』においても、日本の衰退を招く、現在進行形のリアルな危機と認識されている。多くの場合、『日本の息吹』の書き手たちは、個人化に歯止めをかけて家族を尊重すること、また性別役割分業型のかたちを支えることこそ、少子化に歯止めをかける手段であるとする。それは現状で多くの家族がとっている形でもあり、家族を重視する日本の国柄にあっているからだと説明される。

たとえば『日本の息吹』の常連執筆者である長谷川三千子は、『産経新聞』のコラムで少子化問題をとりあげ、「このままでは日本は確実に消滅する」として、だれもが結婚して二、三人の子どもを産むという「あたり前を、もう一度あたり前に」すべきだとする。そのうえで、性別役割分業の再評価による少子化対策を主張している。

> 実はこうした「性別役割分担」は、哺乳動物の一員である人間にとって、きわめて自然なものなのです。妊娠、出産、育児は圧倒的に女性の方に負担がかかりますから、生活の糧をかせぐ仕事は男性が主役となるのが合理的です。ことに人間の女性は出産可能期間が限られていますから、その時期の女性を家庭外の仕事にかり出してしまうと、出生率は激減するのが当然です。そして、昭和四七年のいわゆる「男女雇用機会（ママ）均等法」以来、政府、行政は一貫してその方向へと「個人の生き方」に干渉してきたのです。政府も行政も今こそ、その誤りを反省して方向を転ずべきでしょう。それなしには日本は確実にほろぶのです。*8

性別役割分業家族というのは近代社会に特徴的なものであり、伝統的でも自然でもないが、それはここでは措いておこう。「保守」論者にとっての未婚化や少子化は、長谷川や「親学」提唱者で教育学者の高橋史朗が言うように、戦後学校教育、とくに家庭科教育において、過度に個人の自由や家族からの「自立」を強調した結果とされる。[*9] それにもかかわらず、彼らが強く後押ししてきた安倍晋三内閣は、少子化対策と同時に労働力確保の観点から、子どものいる女性の「社会進出」を進める姿勢を示している。このことに、『日本の息吹』の執筆者からは不満の声が上がる。


「少子化問題は深刻だ」と云いながら、政府の基本政策は「女性の社会進出」であり、企業や役所を運営する、いわゆる「管理職」に占める女性の比率を高めることが「先進国の仲間入り」だと思い込んでいるのだ。

「経済成長」が社会の進歩を計る価値であると思いこみ、カネに必要以上の力を与えている現在の日本社会からは、世界がうらやんだ「妻であり母であることの価値をどこよりも高く認めた日本文化」を自らかき消しているのだ。「女性を家庭から引き離す」ことに躍起になっても日本の社会では少子化問題解決は望めないのだ。

……安倍首相には、かつて「子どもを産み育てることの損得を超えた価値を忘れてはならない」(『美しい国へ』)と唱えていた原点に立ち戻ってほしいものだ。(久保田信之「今月の言葉　少子化問題の正道を問う」二〇一四年十一月号)

「保守」の物語は理想の「伝統的日本」をたてに、家族や女性といった既存のカテゴリを保持し、意味づけの更新を拒むことこそ「危機」の処方箋だとしてきた。しかしここにみられるのは、その処方箋の内容もまた、経済・社会の流動性の厳しさのまえに断続的に更新を余儀なくされているという、後期近代社会の厳しい現実なのである。

◉——更新される知識や規範のなかで生きるために

確かなものがすべて失われていくと感じられる社会で、否定しえない正しさを提供してくれそうな伝統や信仰に人気が集まることは、じつは世界中でみられる傾向である。ここで挙げた「保守」の物語は、更新されていくカテゴリやその意味、規範が、慣れ親しんだ姿のままですべて残されている理想化された国民国家日本の像を掲げ、それを「とりもどす」ことが「危機」を乗り越えるプログラムだとしていた。しかし、ある一つのあり方に歴史や伝統の権威をまとわせて社会を覆おうとしても、人や情報が激しく流動する現代社会においては、抑圧的だと感じる人から反発を受けたり、根拠を問い直されたりして、たやすく覆されてしまう。つまり、「保守」のプログラム自体が、さらなる更新を進める契機にもなっているのだ。

現代社会においては、「危機」や不安から逃れるために更新されない絶対の正しさを求めることは、流動性や不安定さを強める結果となってしまう。このような状況で必要とされるのは、むしろその更新のプロセスや様態を主題化したうえで、かかわりのある人びとともに調整し、やりすごしていく力ではないだろうか。こうした力を個人のなかに育む場として、次章で見ていく学校教育の場は、これからますます大切な役割を担うようになってくるだろう。

●注

＊1　東京大学教育学部教授（当時）の藤岡信勝による「自由主義史観研究会」を前身の一つとして一九九七年に結成された団体。「東京裁判史観」（第二次世界大戦中の日本を、他国を侵略し戦争犯罪をおこなった悪玉と描く「史観」とされる）の打破を謳い、制作した『新しい歴史教科書』『新しい公民教科書』（扶桑社）が二〇〇一年に検定に合格した。

＊2　二〇〇七年に設立された、在日コリアンへの特別永住資格や通名使用などの「特権」付与を糾弾する団体。

＊3　『朝日新聞』二〇一四年八月一日「地方から改憲の声、演出　日本会議が案文、議員ら呼応」。

＊4　『しんぶん赤旗』二〇一四年九月六日「安倍内閣『日本会議』が選挙　改憲タカ派議連から十五人　男女共同参画に反対」(2015.3.31 取得、http://www.jcp.or.jp/akahata/aik14/2014-09-06/2014090601_01_1.html)。

＊5　このうち最大の宗教法人が、全国の神社が所属する神社本庁。その政治組織である神道政治連盟にも、第二次・第三次安倍内閣の閣僚を含め多くの保守派議員が参加している。また、日本会議の機関誌『日本の息吹』の一月号や八月号に掲載される名刺広告には、全国の神社の名がずらりと並び（二〇一五年一月号では、二百七十一枚中百九枚が神社関係）、神社界・神道界と日本会議、安倍内閣との人的交流がうかがえる。

＊6　保守系宗教団体が保守市民運動のバックアップとなっていることは、山口智美による保守系活動家らへのフィールドワークでも明らかにされている。山口は「ジェンダーフリー」「男女共同参画」に関する施策への反対運動のフィールドワークにおいて、運動を主導する人びとが新生佛教教団や統一教会（世界平和統一家庭連合）、キリストの幕屋などの宗教を信仰していることを指摘している（山口ほか［2012］）。

　これらが意味しているのは、いわゆる保守運動が一つの宗教・宗派の考え方を表わしているのではなく、後で見る「保守」言説の基本的な認識（物語）が広く分かち持たれ、それらがゆるやかに多数の団体を結びつけているということである。

＊7　「『基地移設問題』――これが沖縄の真実の声だ！　辺野古移転を進める署名活動に邁進中」『日本の息吹』二〇一三年十二月号。

＊8　『産経新聞』二〇一四年一月六日「年頭にあたり『あたり前』を以て人口減を制す」(2015.3.31 取得、http://www.

sankei.com/economy/news/140106/ecn1401060042-n1.html）。

＊9　高橋史朗「日本を取り戻す教育　第七回　未婚化を助長する家庭科教科書」『日本の息吹』二〇一四年十一月号。

●文献

上野千鶴子・北田暁大・双風舎編集部［2006］「不安なオトコたちの奇妙な連帯――ジェンダーフリー・バッシングの背景をめぐって」上野千鶴子・宮台真司・齋藤環ほか『バックラッシュ！』双風舎、378-439

小熊英二・上野陽子［2003］『〈癒し〉のナショナリズム――草の根保守運動の実証研究』慶應義塾大学出版会

自由民主党［2010］「平成二十二年（二〇一〇年）綱領」（2015.6.1 取得、https://www.jimin.jp/aboutus/declaration/）

塚田穂高［2015］『宗教と政治の転轍点――保守合同と政教一致の宗教社会学』花伝社

テッサ・モーリス－スズキ（伊藤茂訳）［2007］『愛国心を考える』岩波ブックレット No.708

原田実［2014］『江戸しぐさの正体――教育をむしばむ偽りの伝統』星海社

文部科学省［2014］『私たちの道徳　小学校5・6年』文部科学省（2016.1.17 取得、http://www.mext.go.jp/a_menu/shotou/doutoku/detail/1344254.htm）

安田浩一［2012］『ネットと愛国――在特会の「闇」を追いかけて』講談社

山口智美・齋藤正美・荻上チキ［2012］『社会運動の戸惑い――フェミニズムの「失われた時代」と草の根保守運動』勁草書房

第2章

歴史教育内容の現状と、伝統の学び方のこれから

岡本智周

⦿――「伝統」と歴史教育

前章では保守的言説の内容が分析された。社会変動に伴って国家や家族、ジェンダーのありようが変化していくことを「危機」ととらえる人びとは、社会制度や役割規範の揺らぎに対して、既存のそれらを堅持・再確立することで応じようとする。その言説においては、とりわけ「国民」の概念が「伝統」と結びつけられて持ちだされる。「国民」という社会的カテゴリは、更新可能なものとしてではなく、旧来の意味内容をなぞるものと理解されて、正当性を与えられるのである。「伝統的な国民性」という言説がそこに成立する。

保守的言説が「危機と救済の物語」としての特徴を有している点も興味深い。覚醒した少数派こそが状況の誤謬を認知しており、かつての国民のあり方に回帰することによってその誤謬を正すことができるという。もとより、「旧来の」「かつての」国民なるものも任意に選びとられるため（あるいは、創造されもするため）、その言説には無数にバリエーションが生じ、厳密に検討すればたがいの矛盾が露わになる。しかしながら、二〇一〇年代の日本社会においては厳密さを放棄することによる「保守」の気分が共有されてもいて、社会の「マイナーな一部分」とは決していえない状態に至っているといえる。

そしてこの「危機と救済の物語」は、「【要素4】問題解決（救済）へのプログラム」（前章26頁）を含み、彼らが考えるよき「伝統」が教育によって社会に浸透することを目指してもいる。既存の制度や規範の復権を求める意図は、学校教育で扱われる内容に向けられていることになる。本章ではそうした社会的背景をふまえて、日本の歴史教育内容の現状と変遷を検討してみよう。保守運動から発せられる「国民」や「日本」という概念の再確立の要請に、教育の側がどう反応しているのかを提示することとなる。

あわせて本章では、現在の歴史教育内容がいかなる「伝統」の伝達の仕方を可能にしつつあるのかを考えてみたい。結論として示されるのは、「国民」や「日本」といった社会的カテゴリについて、それが歴史上のある時点で創りだされたものであることを明示するようになっている現状である。それにより「伝統」が教育されることの意味自体が変質していることを、本章の結びで指摘する。

⦿――二〇一〇年代の教科書問題

まず、歴史教育の内容をめぐって比較的最近に進行した問題の事例を見ておこう。

二〇〇九年の学習指導要領改訂を受けて、高校歴史教育では二〇一三年度から新課程教科書が用いられ、それに先んじて二〇一二年に教科書採択がおこなわれた。そのさい、東京都・横浜市・神奈川県・大阪府などで、教育委員会から高校に対して、実教出版の『高校日本史A』『高校日本史B』の使用を「適切ではない」とする見解が通知されるという事態が生じた。実教出版のこれらの教科書では、一九九九年の国旗国歌法制定に対して以下に示す注釈が付されており、そのなかで国旗掲揚・国歌斉唱について「一部の自治体で公務員への強制の動きがある」と記述していることが、「適切ではない」理由だとされた。

> 国旗・国歌法をめぐっては、日の丸・君が代がアジアに対する侵略戦争ではたした役割とともに、思想・良心の自由、とりわけ内心の自由をどう保障するかが議論となった。政府は、この法律によって国民に国旗掲揚、国歌斉唱などを強制するものではないことを国会審議で明らかにした。しかし、一部の自治体で公務員への強制の動きがある。(実教出版『高校日本史A』二〇一三年版、一八五頁、傍線は引用者)

結果として二〇一三年、神奈川県ではこの教科書の使用を希望していた二十八校すべてが、県教育委員会に見直しを指導され別の教科書に変更することとなった。新聞報道によれば、「［当該高校内の］打ち合わせで校長は、県教委から忠告されたことを打ち明けた。それは『不採択になって学校名が表に出ると、何らかの団体から圧力がかかるかもしれない』というものだった」、「［県教委の］事務局側は、不採択になると学校名が公表され、学校にさまざまな団体が来て混乱が起こる可能性があると伝えた」（毎日新聞、二〇一三年九月十六日朝刊）という出来事が生じている。

東京都では二〇一四年に、都教育委員会が前年度に続いて二回目の通知をおこなっている。これ

表1　都立高等学校及び中等教育学校（後期課程）用教科書採択結果

科目	出版社	教科書名	2014年度 使用学校数	2015年度 使用学校数
日本史A	東京書籍	日本史A　現代からの歴史	28	34
	実教出版	新日本史A	5	13
	実教出版	高校日本史A	0	0
	清水書院	高等学校　日本史A　最新版	11	19
	山川出版社	日本史A	10	19
	山川出版社	現代の日本史A	9	14
	第一学習社	高等学校　日本史A　人・くらし・未来	26	52
		合計	89	151
日本史B	東京書籍	新選日本史B	14	25
	実教出版	高校日本史B	0	0
	実教出版	日本史B	5	7
	清水書院	高等学校　日本史B　最新版	3	8
	山川出版社	新日本史B	1	3
	山川出版社	高校日本史B	4	7
	山川出版社	詳説日本史B	85	111
	明成社	最新日本史B	0	0
		合計	112	161

出典：「平成26年度使用 都立高等学校及び中等教育学校（後期課程）用教科書 教科別採択結果（教科書別学校数）」（東京都教育庁指導部、2013年8月）、および「平成27年度使用 都立高等学校及び中等教育学校（後期課程）用教科書 教科別採択結果（教科書別学校数）」（東京都教育庁指導部、2014年8月）

も報じられるところによれば、「国旗掲揚と国歌の起立斉唱は教員の責務であるとする都教委の考え方と異なる」(朝日新聞、二〇一四年六月十三日朝刊)ということが、行政の立場として表明された。結果として、二〇一四年度から二〇一五年度にかけての東京都立高校での日本史教科書の使用状況は、**表1**に示されるようになった。ここで実教出版の『高校日本史A』『高校日本史B』の使用数がゼロであるのは、上述した背景によるものである。

二〇一〇年代の日本社会においては、ある情報が教育の場に持ちこまれることがこのような採択のプロセスによって統制される局面が生じている。[*1] この事態については、検定済みの教科書に対して採択段階で行政が価値判断を伴った介入をすることが、事実上の「二重検定」となるのではないかと疑問視されることにもなった。

このように、歴史教育の内容に対しては政治的な力がたびたび向けられ、社会的な議論が巻き起こる。ここでは歴史教科書というものが時の政治・社会状況と無縁ではいられない存在だということを確認しておこう。実教出版の教科書が国旗・国歌についての情報を先に挙げたような形で提示することの意味は、本章の最後にまた考えたい。

⦿——歴史教科書問題の経緯

それでは、歴史教育をとりまく政治・社会状況はいかにして現在に至っているのか。その経緯を見てみたい。

歴史教育は、過去から現在に至る社会の像を次世代に対して与える役割を果たしているため、その内容はつねに社会的な議論の対象となり、ときに社会問題化してきた。歴史教育のあり方が社会問題となるのは、近年に限ったことではないのである。

一九五二年にサンフランシスコ講和条約が発効したことで日本が被占領状態から脱した後、五〇年代の半ばには早くも歴史教科書の内容をめぐる論争が生じている。そこでの主要な論点は、教育される歴史像を日本の自主独立の国家的観点に立って改変することであった。政治の力が介入したことにより、戦後日本の歴史教科書はこの時期に大きく書き改められ、敗戦直後のいわゆる戦後民主主義にもとづく教育的知識を修正している。

経済白書が「もはや戦後ではない」と述べて話題になったのは一九五六年であり、また、後に教科書検定の違憲性を提訴する歴史学者・家永三郎が執筆した高校用日本史教科書の改訂にさいして、最初の検定不合格処分が通知されたのが一九五七年であった。それまでの戦後社会で使われつづけていた教科書がこの時点ですでに見直しの対象となっている。その意味では、前章で整理された「危機と救済の物語」の【要素2】戦後の占領による『ユートピア・伝統日本』の喪失」（25頁）は、意味をなさない主張だといえる。「保守」に立つ人びとが主張する、「戦後民主主義のイデオロギーが教育・科学界に充満していた戦後レジーム」の原形は、一九五〇年代半ばの時点で批判され、見直されていたからだ。

その後、一九六〇年代から七〇年代にかけてアジア諸国との国交の正常化がなり、同時期に社会科学が欧米追随型の思考基盤を相対化しはじめると、アジア圏に関する新知識が歴史教科書にも取りいれられるようになった。その傾向に対して文部省の教科書検定は自国の立場を強調する観点から統制をおこなっていたが、第二次世界大戦以前の中国大陸での日本の行動を「侵略」とする表現に対して検定意見が見直しを求めていたことが広く報道されると、一九八二年にはそれが国際的な議論の焦点となった。学校歴史教育の内容に歴史学のパラダイムの変化を反映させることと、国家的観点から知識を統制することが、これ以降も引きつづく対立軸を形成することとなった。すなわち保守的言説のいう歴史教育の「危機」なるものが指摘される社会状況は、敗戦によってもたらされたものではなく、一九八〇年代以降に生じたものだといえる。

一九九〇年代には、教科書に示される歴史認識を「自虐的」だとして批判し、歴史認識の修正を求める「自由主義史観研究会」や「新しい歴史教科書をつくる会」といった団体から発せられる言説が、歴史教科書の内容にも直接間接の影響を与えるようになる。もっとも直接的な批判点とされたのが従軍慰安婦に関する知識であり、これ以降二〇〇〇年代にかけて、中学校教科書においてその記述は実際に後退していった(Richter[2011])。さらに二〇〇〇年代には、沖縄戦における一般住民の「集団自決」の描かれ方が、歴史教科書をめぐる社会的議論を惹起した。戦争や軍隊の記述の是非が問われるとともに、過去における国民の姿を多様な像として提示するか、それとも一体的な像として提示するかが、これらの歴史教科書論争では問題となった。

二〇一〇年代に入ってからは教科書採択の段階で生じる社会的対立や葛藤が顕著になっており、教科書検定の内容やそれが具体的に教科書の記述に与える影響が議論されていた二十世紀末までとは状況が異なってきている。その端的な例が、沖縄県八重山地区での中学校公民教科書の採択をめぐる動きである。二〇一二年度からの新課程教科書の使用開始に備えて、二〇一一年に八重山採択地区の協議会が育鵬社の公民教科書を選定した。採択地区を構成する三つの町の教育委員会のうち二つがそれを採択したが、残る一つは東京書籍の教科書を採択した。一つの採択地区内では同一教科書を使用することが広域採択制度の原則ではあるが、両教科書が提示する社会像の特徴、とくに社会の凝集性と多様性を提示するさいのバランスのとり方には大きな違いがあり、どの教科書が子どもたちの学習にふさわしいかという判断自体が、社会的な葛藤の焦点になったのである。

広域採択制度のもとでは地域や学校の性質との兼ね合いによって教科書を選ぶことができないという、制度がもたらす構造的な問題も露呈したといえる。そしてこのような採択段階での葛藤が、先に紹介した実教出版の高校日本史教科書の採択をめぐる問題へと引きつづいていることになる。

⦿──一九八〇年代に拓かれた歴史記述の新たな回路

戦後の日本社会では、以上のように歴史教科書をめぐる社会的議論が進行し、その影響のもとで人びとが共有すべき「歴史」が構成され、変化してきた。教科書検定制度と教科書広域採択制度が採られている日本においては、歴史教科書は国家主義の立場からの政治的な力をつねに受けつづけているといえる。ここで歴史教科書に提示される「歴史」の変化を概括すると、つぎのようになる。[*2]

まず一九五〇年代後半から、敗戦後の歴史教科書で伝達されていた知識を見直し、歴史を国家的観点から説明する語り方が定立されるようになった。歴史叙述のなかで「主権」「国民」「領土」といった要素が整備され、とりわけ自国の立場が表明されるようになる。その傾向は一九六〇年代からしだいに強調され、七〇年代の版においては明確な自国中心主義にもとづく歴史叙述がみられるようになった。保守的言説がいうところの「自虐史観」が敗戦によってもたらされたものではないことを、このことからも指摘できる。歴史教育をとおした「国民」カテゴリの伝達は戦後の社会において復権しているのであり、前章が整理した「危機と救済の物語」の「【要素3】現在の危機」(25頁)は、出来事の実際とは無関係に主張されているものだといえる。

一方、一九八〇年代からは歴史教科書に掲載される情報が加速度的に増加、精緻化されるようにもなった。先述したように日本の教科書検定の内容が国際的にも論じられるようになり、また同時期に家永三郎によって提起された教科書裁判が進行したことで、教科書の成立過程に対する社会的まなざしが強化されたためである。教科書作成プロセスの公開性が高まるにつれて、ある歴史的事実を説明するさいの根拠が綿密に整備されるようになり、結果として教科書に提示される歴史像の解像度が上がることとなったのである。その意味で、教科書での歴史叙述に新たな回路が拓かれたのが一九八〇年代だといえる。

これ以降、保守主義の立場から教科書の記述に対する要請がなされたさいにも、そうした提起がなされるたびに情報の検証がなされ、最終的には歴史記述のいっそうの精緻化が進むことになる。復古的なムーブメントは、論争を惹起することによって、それが主張する歴史像の定着を困難にする状況をかえって導くことになったのである。また前章でみたように、再帰性を押しとどめようとする保守の言説であっても、その主張や活動自体が社会のなかの自明性を揺るがし、社会的カテゴリの更新の契機となる状況が用意されたことになる。一九八〇年代のこの状況も、保守的言説がいうところの「危機」をもたらしたといえる。

そして教育内容を詳細に見れば、南京事件や日本統治下の朝鮮半島の情勢などの日本の加害にかかわる出来事のみならず、広島・長崎への原子爆弾投下やソビエト連邦によるシベリア抑留など、日本の被害にかかわる出来事についての記述も、一九八〇年代末から九〇年代にかけて詳細になっていることがわかる。その意味でも歴史教科書は「自虐的」になったのではなく、「精密」になったのだといえる。

ここで若干の術語を参照しておこう。ナショナリズム論では、「国民（ネイション）」なるものを論じるさいの考え方に、大きく三つの立場がある。

まず「永続主義（perennialism）」は、「国民」というまとまりを普遍的な存在ととらえ、時間の経過に関係なく過去から未来まで永続するという発想である。「国民」を社会的実体であると考える点でこの発想は本質主義的である。対して「近代主義（modernism）」は、「国民」を近代という時代の産物ととらえ、その可変性を前提におく発想である。ナショナリズムが近代的なイデオロギーとして創出され、それに合わせて国民が形成されてきたのだとする点で構築主義的である。そして「原初主義（primordialism）」が、「国民」が近代以降に顕著になった社会的実体であることに留意しながらも、その中核となる民族集団や人種集団がはるか過去から存続してきたとする考え方である。「国民」の原型を歴史のなかに「自然」に見出すことができるとする点で、これも本質主義的発想である。

こうした思考区分をあてがえば、一九八〇年代以降の日本の歴史教科書は、しだいに永続主義を無効化させ、近代主義的な国民観を採用するようになったとみることができる。教科書に示される歴史認識を「自虐的」だとする一九九〇年代以来の教科書批判は、「国民」の永続性ないし原初性を前提とした歴史像の復権を求めるが、その根拠が教科書作成プロセスにおいて精査されることにより、当初の意図からは離れた歴史像が提示されることになる。*3 また一九九〇年代以降、政治的保守を自称する人びとによっても、「国家」は想像の共同体である（ゆえに、国家の想像を重視せねばならない）とする議論が展開されるようになり、二〇一〇年代においてもそれが継続されているが、この思考も近代主義・構築主義に則った国家の理解を前提としているのであり、永続主義的ないし原初主義的な国民観とは論理的な矛盾をひき起こすといえる。換言すれば、一九八〇年代に生じたのは国民社会の歴史的相対化だということになる。国民社会が唯一無二の人間社会ではないことが明らかとなり、より身近な地域社会やより普遍的な世界社会など、複数の社会の位相《フェイズ》の一つにそれが位置づけ直されたのだといえる。

ただし一九八〇年代以降の教科書においても、歴史を国家・国民の単位で描こうとする「ナショナルな枠組み」が叙述を規定していることには留意する必要がある。情報が精緻化することによって、国民社会の内部の出来事や国家どうしの摩擦や葛藤の実際が詳述されることにはなったが、しかしそれは、国家・国民を単位とした歴史の把握がおこなわれつづけているということである。それゆえ、英語圏の研究における日本の歴史教育に関する分析においても、教科書が一般的に戦前の日本軍部の罪を認め個々の戦争犯罪についても詳細を提示するようになっていることへの評価がある一方で（Margolin[2014]）、政治史を中心にした年代順の歴史叙述が相変わらずおこなわれつづけている点で、日本の歴史教育内容は戦後をとおして大きくは変わっていないと指摘されることにもなるのである(Dierkes[2005])。

⊙——現行歴史教科書にみる近代主義

したがって、一九八〇年代以降の日本の歴史教育の基本的な特徴は、「ナショナルな枠組みを維持しつつもその内部で扱われる価値が多元化されていく傾向」と表現すべきということになるが、さらに二十一世紀に入ってからの教科書には、この点にも変化をもたらしうる教育資源が散見されるようになった。近代主義的国民観を前提にした情報量の増加と内容の精緻化が、歴史の語り方にも影響を及ぼしているのである。[*4] 具体的には、「ポスト・ナショナルヒストリー」と「メタ・ナショナルヒストリー」にもとづく歴史叙述が教科書に登場しはじめている(岡本[2009])。

まず二〇〇九年改訂の学習指導要領を反映させた新課程の高校世界史教科書には、以下のような例を確認することができる。

前者の「ポスト・ナショナルヒストリー」については、歴史叙述の「ナショナルな枠組み」を相対化することによって、「国民」や「国家」に依拠しない歴史認識を伴う歴史像が示されるようになっている。二〇一三年に使用開始となった世界史教科書では、近代における世界の一体化をとらえる「近代世界システム」の考え方が広く取りいれられるようになっており、異なる社会間を移動する人間の動き(移民)が、貧困や飢餓、民族的抑圧、政治的・社会的不満、成功への希望などの多様な要因と絡めて描きだされるようになっている。こうした事項は、学習者が国家・国民単位の社会認識から自由な人間社会の像を把握するさいの資源となるものである。

後者の「メタ・ナショナルヒストリー」については、歴史を語るさいに採用される「ナショナルな枠組み」の存在に言及することによって、近代以降の人間にとっての国家・国民単位の思考の自明性そのものを認識の対象とする情報が登場している。そうした高次からの認識を提示する記述としては、まず「ナショナルな枠組みに依拠して歴史を語ること」の歴史的な起点への言及が挙げられる。具体的には、フランス革命を「国民」観念の創発の起点として明確に位置づける（革命前にはそれは存在しないとする）叙述などであり、それらが高校世界史での標準的な知識となりはじめている。ナショナリズムを近代以降に生じた概念だとすることは近代主義にもとづく発想であり、人間が社会をとらえるさいに採用する思考の枠組み自体の歴史性を理解するための資源になる。

また、「ナショナルな枠組み」の対象化は、「国民」という観念を伝播させる社会制度への言及によっても促される。その具体的な例となるのが、それ自体もやはり特定の時代の産物であるところの、近代公教育、新聞・雑誌メディア、歴史学という学問の存在である。世界史教科書においては、メディアの進歩が国民としての政治的一体感をつくり出したことが説明されるようになり、また近代歴史学の成立をナショナリズムの風潮と関連させて提示し、「ランケやフランスのミシュレのように、『国民』の実在を前提にその成立・発展を叙述する国民史の流行につながった」（帝国書院『新詳世界史B』二〇一三年版、一二二頁）とする記述も登場している。近代歴史学が「国民史」という独特の語り口をもっていると歴史教科書が述べるのは、きわめて自己言及的だといえる。

現在を生きるわれわれが自明視している歴史の見方や教育の性質が特定の発生時点をもつこと、また、それが現在に至るまで継続しており、われわれも「国民」や「国民国家」の維持存続を促す仕組みのなかにいるのだということ――これらのことへの気づきを可能にする情報を、二〇一〇年代の教科書は採用しはじめているのである。

⦿――二〇一四年版高校日本史教科書の内容

一方、日本史教科書においてはどうだろうか。

日本史は国家・国民の単位で語られる「ナショナルヒストリー」そのものであり、その伝達は国民形成の手段だと一般にいわれる。「ナショナルな枠組み」を採用することは日本史を語るさいのあまりに自明な前提である。そのため、たとえば明治期初頭の「台湾出兵」から「琉球処分」に至る出来事について、世界史教科書が「日本人」や「中国人」といった国民概念の成立の過程としてそれを描くようになっているのに対して、日本史教科書ではむしろそれらの国民概念を所与のものとして事象にあてがった説明をおこなうという、語り方の相違が生じる。

しかしまた学習指導要領においては、日本史の目標として「歴史的力を培い、国民としての自覚と国際社会に主体的に生きる日本人としての自覚と資質を養う」ことが掲げられている。ここでは「日本人としての自覚」が「国民としての自覚」とは別のものとして、しかも国際社会とのかかわりによって概念化されている。したがってより広く現行の日本史教科書をみると、「国民」の近代的創発や歴史を叙述するさいの「ナショナルな枠組み」を対象化した叙述が、日本史の提示にも及んでいることが確認できる。ここでは、二〇〇九年改訂の学習指導要領を反映させ二〇一四年に出そろうこととなった、新課程の日本史A教科書七冊・日本史B教科書八冊（**表1**に列挙したもの）の内容を検討することとしたい。

まず「国民」の近代的創発について。近現代史の内容に特化している日本史Aでは一様に、「国民」観念の起点を明治期において叙述をおこなうようになっている。他の教科書と比べて「ナショナルな枠組み」を維持する傾向の強い山川出版社においても、たとえば『現代の日本史A』では、「それまでの日本では、武士や庶民の生活は個々の大名の国家（藩）単位にいとなまれていたが、このころからそれらの上にある『日本』というまとまりを重視するようになった」（六頁）という説明がみられる。加えて、山川出版社の別の教科書に示されるのが以下の叙述である。

> 松平定信政権とその後の幕府は、北方におけるロシアの南下に対し、択捉島の外側に「国境」線を引く意識をはじめてもった。それまでの渡島半島の和人地とアイヌなどの居住する蝦夷地との境界を取り崩して、蝦夷島（のちの北海道）すべてと千島列島の択捉までを国内とした。同時に「国境」線の内側の日本という「国家」と「国民」とは何かを、あらためて確認する必要にせまられた。（山川出版社『日本史A』一七頁）

ここでは「国境」によって区切られる「国家」「国民」という観念に、明確な起点が与えられている。

近代主義的国民観を前提にした事象の説明だといえよう。[*5]

さらに、少なからぬ教科書において、明治新政府が実施した解放令、学制発布、国旗・国歌の制定といった諸策を、「国民」創出の過程に明確に位置づけることがおこなわれている。たとえば「四民平等」について、清水書院の『高等学校　日本史A　最新版』は「これらの政策は、国民としての統合を進める方向へと結実した」(五七頁)とし、山川出版社の『詳説日本史B』でも「これらの身分制改革によって、男女の差別はあったが、同じ義務をもつ国民が形成された」(二六四—二六五頁)といった説明が加えられている。「日の丸と君が代」の近代的創出については東京書籍の『日本史A　現代からの歴史』(五七頁)や実教出版の『高校日本史A』(七二頁)などが囲み記事を設けて詳細な解説をおこなっており、国際規範に合わせて明治期初頭に国旗・国歌が整備されたことがわかるようになっている。高校日本史教科書のなかでもっとも明確に自国中心の叙述をおこなう明成社の『最新日本史B』においても、「こうした由来をもつ日の丸・君が代は、国内の行事でも国際交流の機会にも大切に扱われる必要がある」というメッセージを添えつつも、近代の産物としての「国旗・国歌の由来」を説明する(二三二頁)。「ナショナルな枠組み」による社会認識が近代に起点をもつこと、それを拡散する社会制度もまた創出されたものであることが、日本史教科書におけるこれらの叙述によって十分に理解可能となっている。

つぎに「日本」の起点について。古代からの通史を扱う日本史Bの教科書は、そろって「天皇」号・「日本」国号の起点を明瞭にする意図を示しており、それらの成立時期は八世紀初頭(ないしその前後)であると説明する。[*6] また八世紀末の遣唐使廃止から引きつづく「国風文化」の成立に関しても、日本の文化的独自性の発生と併せて、当時の東アジア情勢の特徴に目が向けられる。以下に示す清水書院の日本史B教科書の叙述は、その点に関して特徴的なものである。

10世紀以降の東アジアでは、それまでの中国文化の模倣から脱して、各民族の個性にあった文化へとつくりかえていこうとするうごきが生まれた。文字文化の面でそれはいちじるしく、契丹、西夏（タングート）、女真などで、漢字をもとに独自の文字が考案された。（清水書院『高等学校　日本史B　最新版』四五頁）

唐に対して距離をとり、独特の文化を形成しようとすることが、当時の東アジアの諸地域に共通した動きであったという視座が提示されるのである。この情報は、世界史の理解との接続を可能にするものだといえる。

なお、「新しい歴史教科書をつくる会」に端を発する活動から生みだされた自由社・育鵬社の中学校歴史教科書においては、「天皇」号の成立をさらに遡って理解させようとする説明や、大陸や朝鮮半島に対する「日本」の政治的・文化的自立性を主張しようとする叙述が散見されるが、高校日本史教科書はその点で異なる性質をもっているといえる。もちろんそれらの歴史的起点を明確にしつつなお自国の立場を中心にした叙述をおこなうことは可能であるが、「ナショナルな枠組み」を対象化する教育資源がそこに示されていることには留意する必要がある。たとえば歴史学習における「学力」の意味もまた、これによって変わっていくからだ。

前章で述べられたように、保守の言説が掲げる「危機と救済の物語」においては、【要素1】として「時間的・空間的に一貫した国家『日本』とその伝統」（24頁）が見出される。しかしながら以上に見てきたように、現代の学校歴史教育においては、そのような物語が素朴に展開できる余地は小さいといえる。学校歴史教育が採用するのは歴史学の方法論であり、そこでは過去をとらえるために用いられる「観念」自体の歴史的起点が、つねに検証されるようになったからである。さらに、近代主義・構築主義の傾向を増しつつある歴史教科書の記述に対して、保守の立場からの批判が重ねて加えられたとしても、その批判自体が検証の対象となる回路も作用している。

最後に歴史認識を構成する社会制度への言及について。興味深いことに、現行の日本史教科書では、「歴史認識」のあり方が戦後社会の内外での対立や葛藤の焦点になっていることを、ときに「戦後補償問題」とも関連づけながら、提示するようになっている（ただし山川出版社と明成社の教科書にはそのような傾向はみられない。また、とりわけ東京書籍と実教出版の教科書で情報が充実している）。社会的な対立や葛藤に対する特定の立場を表明するのではなく、その存在自体を戦後における歴史的事実として提示するのである。

加えて、戦後政治のなかで折々に表明された歴史認識についても、歴史的事実としての言及をおこなう。たとえば田中内閣のもとでの日中共同声明について、清水書院の『高等学校　日本史B　最新版』は「この声明で、日本は満州事変以来の戦争責任と反省を表明し、中国は戦争被害の賠償請求を放棄した」（二六一頁）との説明を加え、第一学習社の『高等学校　日本史A　人・くらし・未来』は、村山内閣のもとで「一九九五（平成七）年、衆議院は戦後五十年にあたっての国会決議を採択し、過去の侵略戦争に対する反省を表明した」（一六四頁）ことを示す。この点については山川出版社の教科書にも、「日本側が日中戦争における加害責任を認め、反省する態度を示したうえで、日中両国間の『不正常な状態』の終結を共同で宣言し」たとする記述を、同様に見出すことができる（『日本史A』二一三頁）。

さらに、そのような歴史認識を構成し、時として変容させる社会制度として、「教科書制度」や「歴史教科書問題」が歴史的事実として提示されるようにもなっている。この特徴は日本史Aにおいてとくに顕著であり、とりわけ東京書籍、実教出版、清水書院の教科書が囲み記事を置いたり、識者のエッセイを掲載したりするなどして、多くの情報を掲載している。家永三郎の提訴によって進行した教科書裁判の過程と結果を、家永自身の人物紹介とともに提示することもおこなわれる。社会や歴史に関する人びとの認識を形成する歴史教科書の機能や役割についての情報が日本史教科書に掲載されることもまた、きわめて自己言及的な現象であり、歴史叙述のあり方を高次から検証可能にする視座を与えるものである。

同様に、「国旗・国歌」についての言及によっても、それが人びとの意識に働きかけ、ときに人びとの対立や葛藤の焦点となってきたことが伝えられている。すでにみたように東京書籍の教科書では「日の丸・君が代」の創出の経緯が詳述されているが、それに引きつづいて戦後社会における「日の丸・君が代」の扱いの変遷も説明される。そして、一九九九年の国旗国歌法制定に対して、以下の注釈が付されるのである。

制定時に政府は、義務づけの条文がないこと、児童・生徒の内心の自由にまで立ち入って強制する教育をしてはならないことを明言した。(東京書籍『日本史A　現代からの歴史』一九六頁)

こうした記述は「歴史認識の社会的構築」の提示の一環として登場しており、教科書検定を問題なく通過したものである。日本史教科書ではこのような知識の集積をとおして、歴史叙述の「ナショナルな枠組み」の対象化を可能にしつつある。

⦿——伝統の学び方のこれから

二〇一二年からの教科書採択で各教育委員会に問題視された実教出版『高校日本史A』『高校日本史B』の記述がもつ意味は、こうした観点から理解することができるだろう。それは他の教科書にも同様にみられる、メタ・ナショナルヒストリーの伝達のための情報であった。東京書籍の教科書との相違は「しかし、一部の自治体で公務員への強制の動きがある」という一文の有無であり、そこがまさに行政側が懸念の対象とする点となった。この葛藤はすぐには解消されえぬものだが、一九八〇年代に拓かれた歴史叙述の回路においては、当該記述の検証が促されることにもなるだろう。むしろその葛藤の事実自体を、日本社会に生きる人間の歴史認識を構成する要素の一つとして、後の歴史教科書が対象化することになるかもしれない。現状における歴史教科書の作成プロセスは、そのような歴史の語り方を促しうるものとなっているのである。

すなわち学校歴史教育は「歴史」を、揺らぐことのないただ一つの真実そのものとしてではなく、人の手によって創られたものとして伝達する教育資源を用意する段階に入ったといえる。「歴史」の把握の仕方もまた状況の所産であることが示され、それを描こうとする人間の存在、それを共有させようとする社会制度の存在が可視化されるようになっている。正しく学習すればだれもが等しく辿りつける「正史」ではなく、伝達の担い手や語り方の様式とかかわらせながら理解される像こそが、「歴史」と呼ばれるものだということになる。

このことは、欧米社会での歴史学習においては従来から重視されていることでもあり、また今般の教育思潮の変化にも対応していることだといえるだろう。すなわち、現代社会を知識基盤社会と見なし、そこで要請されるのは知識や技能の習得よりも活用であり、コンテンツそのもの以上にそれを運用するコンピテンスであるとする、教育および学習のとらえ方である。[*7] そのように考えてみれば、たびたびくり返される歴史教育内容をめぐる社会的議論で今後の課題となるのは、異なる政治的立場から発せられ対立する諸々の歴史像に是非を判定することではなく、「歴史」の社会的な構築のなされ方に対する理解の方法を確立することなのだといえる。またその方法は、学習者の側に求められるものである以上に、歴史を教授し学習の効果を評価する側にこそ、理解と共有が要請されるのだと考えることができる。

そして、社会の過去から現在をとらえるための時間軸そのものである「歴史」が自らの被構築性を含んだ観念となることは、社会のなかでの「伝統」の扱われ方にも変化をもたらすことになる。「伝統」もまた不変ではなく、それを語る人間によって形を与えられていることが気づかれる可能性が高まれば、「伝統」を伝統的に伝えることはもはや困難となるからだ。むしろ現在および近い将来の社会においては、人間がある集団と結びつき、別の集団とは結びつけずにいる状況をとらえ直すための資源として、「伝統」を読み解くことの有効性と必要性が増すことになるのだろう。

●注

＊1　一方、教科書検定のあり方の問題が二〇一〇年代において消失したわけではない。二〇一四年一月には「義務教育諸学校教科用図書検定基準及び高等学校教科用図書検定基準の一部を改正する告示」によって、教科用図書検定基準の社会科・地理歴史科・公民科の部分に、「近現代の歴史的事象のうち、通説的な見解がない数字などの事項について記述する場合には、通説的な見解がないことが明示されているとともに、児童又は生徒が誤解するおそれのある表現がないこと」「閣議決定その他の方法により示された政府の統一的な見解又は最高裁判所の判例が存在する場合には、それらに基づいた記述がされていること」との追記がなされた。二〇一〇年代後半に政府見解を教科書の内容に据えることが強く求められる可能性は高まっている。

ただし、教科書検定では以前から「両論併記」を避け、かつ公的見解の「併記」が求められてもいた。たとえば一九八三年度の高校日本史検定では「関東大震災における朝鮮人の犠牲者については、官庁発表数も併記し、史料によりさまざまであることに配慮する必要がある」、一九八五年度の中学社会科検定では「日本とソ連の両論を併記するのは認めていない。北方領土は日本固有の領土であることを明記せよ」といった意見が付され、教科書はそのように修正されている。その意味では、検定基準の改変によって教科書に加わる政治的な力がこれまでと極端に変わるわけではない。

＊2　教育社会学研究の課題として、筆者はこれまで中学校・高校の歴史教科書の内容分析をおこなってきた。とくに、使用される割合が最も高い山川出版社の世界史・日本史教科書の改訂を辿り、その内容の変遷を整理してきた。本章はそれらの作業による知見にもとづいている。言及される事象の詳細については、岡本［2001］［2013］を参照のこと。

＊3　たとえば「新しい歴史教科書をつくる会」は、神話を国民が共有する物語として位置づけ、歴史と接続することを活動のねらいとしている。彼らが求める歴史像のパイロット版を示した『国民の歴史』では、「わが日本列島の歴史の場合は――七世紀以前には日本という国号はまだなかったなどという愚にもつかぬ唯名論を振りかざすなかれ――古代中国文明の索引をもってしては推測も想像もおぼつかない、中国語とは違う言語生活をしていた無文字の時間が数千年以上にも、ひょっとすると一万年余にも及んでいるのだ。どうしてそれが歴史でなかったといえるであろう」（西尾［1999］115）と表明された。

一万年以上の「日本の永続性」を主張するために、二〇〇〇年度教科書検定を受けた彼らの最初の教科書（申請図書）では「神武天皇」についての記述を大和朝廷の説明に組み込むことがおこなわれた（三六頁）。しかし教科書検定がこの箇所について、「『進む国内の統一』に続いて構成及び記述され、二〇行目以下で『いつの出来事かがはっきりしないし、空想的な話も出てくる』との記述から、おおよそ史実であると誤解するおそれのある表現である」という意見を付けた。神話と史実との峻別が求められ、素朴な永続主義にもとづく歴史叙述が困難となっていることがわかる。

＊4　二〇〇九年改訂の高等学校学習指導要領を解説する教師向け手引書では、エリック・ホブズボーム、ベネディクト・アンダーソン、田中克彦、エドワード・サイードの議論を根拠として、近代主義的な国民観が示されている。「地球世界の到来」を理解するための内容として、「欧米諸国や日本において公教育や軍隊制度を通じて国民意識の形成や国民統合のための『伝統』を創り出し、愛国心などを称揚する動きが生まれてきた一方、欧米諸国の支配を受けた国々では民族意識の覚醒による民族の解放・独立をめざす動きが展開されたこと」が挙げられている点が重要である（原田編［2010］75-80）。

＊5　十八世紀末に遡って択捉島までを「国内」として提示する意図については別の論点があるが、ここでは措く。

＊6　「日本」国号が成立する以前、古代の日本列島に存在した政治体は「倭」とするのが現行の日本史教科書である。ただし山川出版社『詳説日本史B』（二〇頁）と明成社『最新日本史B』（一九頁）では、それが中国側からの呼称だという念押しがなされる。

＊7　こうした教育思潮の動向については、佐藤・岡本［2014］も参照のこと。

●文献

Dierkes, Julian［2005］“The Stability of Postwar Japanese History Education amid Global Changes,” Edward Vickers and Alisa Jones eds., *History Education and National Identity in East Asia*, Routledge, 255-274

Margolin, Jean-Louis［2014］“Japanese History Textbooks and the Asia-Pacific War: Apportioning Blame,” Mark Baildon et al. eds., *Controversial History Education in Asian Contexts*, Routledge, 109-122

Richter, Steffi［2011］“The ‘Tokyo Trial View of History’ and its Revision in Contemporary Japan/East Asia,” Gotelind Müller ed., *Designing History in East Asian Textbooks: Identity Politics and Transnational Aspirations*, Routledge, 183-206

岡本智周［2001］『国民史の変貌――日米歴史教科書とグローバル時代のナショナリズム』日本評論社

――――［2009］「歴史教科書問題とその「克服」にみる〈ナショナルヒストリー〉の桎梏」『リスク社会化環境における共生社会論――問題系の確認と展開』リスク共有型共生社会研究会、12-36

――――［2013］『共生社会とナショナルヒストリー――歴史教科書の視点から』勁草書房

佐藤博志・岡本智周［2014］『「ゆとり」批判はどうつくられたのか――世代論を解きほぐす』太郎次郎社エディタス

西尾幹二［1999］『国民の歴史』産経新聞社

原田智仁編［2010］『高等学校新学習指導要領の展開　地理歴史科編』明治図書

第3章 沖縄におけるネイションの位相と米軍基地

熊本博之

⦿——日本と琉球、二つのネイション

ここまでの二つの章で明らかにされたのは、歴史も伝統も構築されたものであり、それを語る主体によって意味づけられ、方向づけられるものであるということ、そして流動性の高い後期近代を生きていくためには、一つの解釈にすぎない歴史や伝統の姿をかつて存在した理想郷に仕立てあげ、そこに回帰することではなく、歴史や伝統の被構築性を読み解くリテラシーの習得こそが重要だということである。そのことを指し示すために分析の対象となっていたのは、現代日本における「保守」を名乗る組織や人びとの活動と言説であった。

社会の変化に伴って人びとの価値観も変容していくことを危機ととらえ、失われつつある「かつてあった日本」をとりもどすことで危機を乗り越えようとしているかれらの活動が、曲がりなりにも処方箋の態をなしえているのは、依拠の対象となるネイション(nation)を「日本ネイション」に限定できるからである。しかし本章で取りあげる沖縄においては、ネイションへの依拠は別の問題を生みだす。なぜなら沖縄が依拠しうるネイションには、日本ネイションと琉球ネイションの二つがあるからだ。

琉球王国という独立した国家であったという歴史をもつ沖縄は、一八七九年の明治政府による琉球併合以来、日本という国家のなかに組み込まれてはいる。しかし、沖縄県以外の他都道府県全体を指す呼称として「本土」や「内地」という言葉が日常的に用いられていることに象徴されるように、沖縄には「日本」に対してある一定の距離感をもつ人が多い。ただしそれは、琉球王国であったという歴史的事実から自動的に導きだされたものではない。多くの住民が巻き込まれ、県民の二割が亡くなったとされる沖縄戦、その後の米軍による支配、そして一九七二年の日本復帰後も残りつづけている在日米軍基地の存在が、日本との距離感を形成しているのである。

その沖縄が現在、ネイションの位相をめぐって危機にさらされている。普天間基地をめぐる一連の問題[*1]が、日本と沖縄の関係性そのものが問われるような状況を生みだし、沖縄県民の多くが同時的に自身のナショナルアイデンティティを意識し、再考することを迫られているからだ。とくに、普天間基地の県外移設をマニフェストに掲げていた民主党政権の挫折、数々の墜落事故をおこしている米軍の輸送機MV22オスプレイの普天間基地への配備、そして自民党政権による普天間代替施設の辺野古への建設推進は、県民大会や選挙をとおして沖縄県民が示した反対の意思を省みることなく日本政府によって推し進められたものであり、沖縄県民は、日本と沖縄との関係を否応なしに意識させられることとなった。それが後述するように、琉球を志向する勢力、日本を志向する勢力、そして日本の一県としての沖縄を志向する勢力という三つのグループとして顕在化するに至っている。

本章では、この三つのグループが日本と琉球という二つのネイションをどのように位置づけているのか、そして米軍基地に対する主張をどのように組み立てているのかについての分析をとおして、沖縄におけるネイションの位相を描きだしていく。この作業をとおしてみえてくるのは、ネイションとの関係性の構築のなされ方が、米軍基地問題に対するそれぞれの主張へと結びついていく構造である。その被構築性を析出することは、ナショナリズムを相対化することにつながる。この相対化がなされることによって、ネイションの位置づけが異なる三グループを排他的な関係としてではなく、共生可能な存在としてとらえることが可能になる。そしてそのような理解に到達するためには、沖縄の人たちがネイションと米軍基地とをどのように経験してきたのかに着目しなければならないこと、さらにそこからみえてきた地平が広く「日本人」にも共有されることで、沖縄と日本との共生の可能性を拓いていくことの必要性についても指摘していく。

なお「共生の可能性を拓く」という表現をあえて用いたのは、結論部でも述べているように、現在、日本からの独立という選択が沖縄によってなされる可能性も否定しきれないほどに、沖縄と日本の関係性が悪化しているからである。この両者がおたがいの立場への理解を深め、共生の可能性を探っていくことは、日本と沖縄、双方の未来にとって喫緊の課題だといえよう。

⦿――沖縄で顕在化した三つのグループ

まず、三つのグループについて考察していこう。具体的には、琉球民族による独立国家の実現を求める「琉球民族独立総合研究学会」、翁長雄志《おながたけし》沖縄県知事を旗頭に普天間基地辺野古移設とオスプレイ配備に反対する「オール沖縄勢力」、そして日本人としての沖縄県民であることを主張しながら国防に貢献する沖縄を強調する「ハート・クリーン・プロジェクト」である。この三つのグループは、米軍基地をめぐって生じた日本との関係性の揺らぎを契機としてなされた「ナショナルアイデンティティの問い直し」を経て沖縄が生みだした、三つの回答である。

琉球民族独立総合研究学会

琉球民族独立総合研究学会（以下、琉球独立学会）が発足したのは、二〇一三年五月十五日である。その四十一年前のこの日、沖縄は日本に復帰した。この五月十五日という日に琉球民族としての独立を掲げる団体が立ちあげられたことに、この会の主張が象徴的にあらわれている。

琉球独立学会の設立趣意書は、「琉球の島々に民族的ルーツを持つ琉球民族は独自の民族である」という文章ではじめられている。このことからも明らかなように、琉球独立学会は、かつて沖縄に存在していた国家、琉球にアイデンティファイしている。そして会員は、「琉球の島々に民族的ルーツを持つ琉球民族」

（会則第四条）に限定されている。

　なぜ彼らは日本でも、そして沖縄でもなく「琉球」にアイデンティファイしているのか。学会の共同代表を務めており、学会のブレーンともいうべき存在である龍谷大学教授の松島泰勝は、その著書において、「沖縄県」という名称は明治政府によって琉球王国が日本に併合されたときにつけられたものであり、そして一九七二年に日本に復帰した（松島の言葉でいえば「再度併合された」）ときにふたたび復活した名称でもあることを指摘したうえで、「民族としての琉球人を明示するためにも『琉球』という国名を（中略）敢えて使いました」（松島［2014］9）と述べている。「沖縄」は日本によって押しつけられた呼称である以上、琉球民族である自分たちが依拠すべきはあくまでも「琉球」なのである。

　ここからも読みとれるように、琉球独立学会は、日本に対して敵対的なスタンスをとっている。その理由は、琉球の歴史に求められる。設立趣意書には「一六〇九年の薩摩侵攻に端を発し、一八七九年の明治政府による琉球併合以降、現在にいたるまで琉球は、日本、そして米国の植民地となっている。琉球民族は、国家なき民族（stateless nation）、マイノリティ民族（minority nation）となり、日米両政府、そしてマジョリティのネイションによる差別、搾取、支配の対象となってきた」という一文がある。ここで示された、琉球が日本、アメリカの植民地であり、琉球民族は日米両国から差別されてきたマイノリティであるという現状認識が、日本人アイデンティティの否定と日本からの独立に接続しているのである。

　そして日本からの独立によって得られる未来を、設立趣意書は以下のように描きだしている。

琉球民族は本来、独自のネイション（nation、peoples、民族、人民）であり、国際法で保障された「人民の自己決定権」を行使できる法的主体である。琉球の地位や将来を決めることができるのは琉球民族のみである。（中略）琉球は日本から独立し、全ての軍事基地を撤去し、新しい琉球が世界中の国々や地域、民族と友好関係を築き、琉球民族が長年望んでいた平和と希望の島を自らの手でつくりあげる必要がある。

つまり琉球独立学会は、日本から独立することで自己決定権をとりもどし、すべての軍事基地、すなわち米軍基地と自衛隊基地を撤去することで、「平和と希望の島」を自分たちの手でつくりあげようとしているのである。松島は、「日本国民である琉球人が、基地によって日常的に心身の被害をうけているにもかかわらず、日本政府は日米同盟の強化に邁進して」おり、そして「大半の日本国民は、琉球人の生活・生命を脅かす米軍基地や日米地位協定を認める政党を、投票によって支持している」と、沖縄に基地を押しつける日本政府、そして投票によって政府を支持する日本国民を批判している（松島［2006］11-13）。また先に引用した著書においても、民主党政権が辺野古案に回帰した一連の経緯が、「琉球大衆の潜在していたナショナリズムに火をつけた」（松島［2014］112）といい、「日本人として琉球における差別構造を撤廃していこうと考えていた琉球人にも絶望感と憤りを抱かせることに」（松島［2014］153-154、傍点は原文）なったと言及している。つまり松島に代表される琉球独立学会の構成員は、日本の内部に組み込まれているかぎり沖縄から基地はなくならないと考えており、だからこそ独立を目指しているというのである。

オール沖縄勢力

オール沖縄勢力が顕在化したのは、二〇一三年一月に安倍首相に提出された、オスプレイ配備撤回と普天間基地閉鎖および県内移設断念を要求する「建白書」である。この建白書には、仲井眞弘多《なかいまひろかず》県知事を除く沖縄の全自治体の首長および議長、県議会議長らの署名がなされていた。この状況を指して「オール沖縄」という言説が使われるようになっていく。

この「建白書」を政府に提出する東京要請行動の共同代表を務めていたのが、当時那覇市長の職にあった翁長雄志である。その後、沖縄県知事選挙に立候補し、政府によって出された辺野古沖の埋め立て申請を承認した仲井眞知事らを破って沖縄県知事に選出されることになる翁長は、その選挙戦において「オール沖縄」および「イデオロギーよりアイデンティティ」というフレーズを多用する。たとえば翁長は、知事選への出馬の理由に関する地元紙の取材に対して、「県民は基地を挟んで保守だ、革新だといがみ合い、大変残念な思いをしてきた。オスプレイの配備撤回をはじめ、私たちが分裂していたら沖縄の基地問題は解決できないということで『オール沖縄』や『イデオロギーよりアイデンティティ』で保革を乗り越えてやっていこうと、私が主導的になって訴えてきた」と答えている（『沖縄タイムス』二〇一四年十月十六日付朝刊）。

では、ここでいわれている「アイデンティティ」とは何なのだろうか。それをよく示しているのが、建白書の結語にあたる部分におかれた「古来琉球から息づく歴史、文化を継承しつつも、また私たちは日本の一員としてこの国の発展を共に願ってもきた。この復帰四十年目の沖縄で、米軍はいまだ占領地でもあるかのごとく傍若無人に振る舞っている。国民主権国家日本のあり方が問われている」という文章である。ルーツとしての琉球に言及してはいるものの、力点がおかれているのは「日本の一員」としての「沖縄」である。日本の一県である沖縄県が、米軍によって差別的に扱われている事態を放置することは、日本という国家のあり方にかかわる問題であると訴えているのだ。つまりオール沖縄勢力がアイデンティファイしているのは、日本に組み込まれた地域としての「沖縄」であり、「琉球」として独立するのではなく、あくまでも「日本の一県」として、政府と対立しつつ交渉する姿勢をとっているのだといえよう。

だからオール沖縄勢力は、本土に住む日本人に対しても、排除するのではなく理解を訴えかけるという姿勢をとっている。その象徴ともいえるのが「辺野古基金」である。「沖縄の声を国内外に発信すると同時に、日本国内の新聞をはじめ米国紙への意見広告、県内移設を断念させる運動（活動）の前進を図るために物心両面からの支援を行い、沖縄の未来を拓くことを目的として」（設立趣意書）、二〇一五年四月に発足した辺野古基金は、翁長知事を支持する県財界関係者や政治家、学識者に加えて、ジャーナリストの鳥越俊太郎氏と映画監督の宮﨑駿氏という全国的な知名度の高い人物を共同代表に迎え、全国に向けて支援を呼びかけている。基金には二〇一五年十月二十八日現在、四億七千万円を超える金額が集まっており、五月の時点での報道では、七割が沖縄県外からの入金であったという（『沖縄タイムス』二〇一五年五月二十二日付朝刊）。

そして米軍基地に対しては、建白書で要請した「オスプレイ配備撤回と普天間基地の閉鎖および県内移設断念」が基本姿勢となっている。逆にいえば、それ以外の基地については、自衛隊基地も含めて容認しているということだ。つまりオール沖縄勢力は、「オスプレイＮＯ、辺野古ＮＯ、普天間閉鎖」で結びついているのであって、琉球独立学会のように、すべての軍事施設の撤去を求めているわけではないのである。

ハート・クリーン・プロジェクト

第１章で詳細に検討された「日本会議」の沖縄県本部は、二〇一〇年九月に沖縄県石垣市の尖閣諸島沖で発生した、中国漁船による海上保安庁の巡視船への体当たり事件の翌年、復帰の日である五月十五日にあわせて「沖縄県祖国復帰記念大会」を開催している。[*2] この、日本ナショナリズムの色彩が濃い大会の司会をしていたのが、沖縄本島南部出身のＡ氏である。そして、そのＡ氏が代表を務めているのが、親米、親日的市民グループ「ハート・クリーン・プロジェクト」（以下、ＨＣＰ）だ。

オスプレイの普天間基地への配備を受けて反基地の機運が急激に高まっていた二〇一二年十月ごろに活動を開始したＨＣＰは、Ａ氏を中心とする七、八名のメンバーによる小規模な組織だが、Facebook などのＳＮＳをとおした情報発信や、浦添市のコミュニティラジオ局ＦＭ21で番組を買いとって毎週一時間、グループの主張を放送するなど、構成人数に留まらない影響力をもっている。[*3]

ＨＣＰが日常的におこなっているのは、国道58号線から普天間基地に入るさいに通る大山ゲートにつながる道路の沿道に早朝から集まり、普天間基地に通勤する米兵の車両に向けて笑顔で手を振りながら挨拶をするという活動である。活動のときに設置する、日の丸と星条旗があしらわれた二つの横断幕には、"You are our good friends. Thank you for protecting the island（あなたたちは私たちの友人です。沖縄を守ってくれてありがとう）”と“Thank you, U.S.Forces, for being in Okinawa（米軍のみなさま、沖縄にいてくれてありがとう）”という、米軍への感謝と友情を表す英文が書かれている。筆者は二〇一五年三月十七日、実際にＨＣＰの活動を見てきたのだが、手を振り返してきたり、軽くクラクションを鳴らしてＨＣＰのメンバーに応える米兵の姿が多く見られた。

そしてもう一つおこなっている活動が「フェンス・クリーン・プロジェクト」だ。これは、反基地運動の人たちが基地反対のメッセージを訴えるために、普天間基地を囲むフェンスにビニールテープを貼りつけて書いた「NO BASE」などの文字をはがす活動である。これらの活動の様子は動画で撮影され、編集がほどこされたのち、動画共有サイトYouTubeにアップロードされ、ＳＮＳをとおして広く共有される。さらに反基地運動の人たちが米兵に向かって「Go Home!」「Marine Out!」などのメッセージを叫んでいる様子を撮影したものもアップロードして、反基地運動を「ヘイワ運動」だとしながら、米兵にシュプレヒコールをあげる人たちを「ヘイトスピーチだ」と批判したり、フェンスにビニールテープを貼りつける人たちに「汚さないで下さい」と注意するなど、反基地運動への半ば揶揄的な批判活動を展開している。

このようにＨＣＰは、米軍基地に対して積極的な歓迎の姿勢を示しつつ、反基地運動への批判活動をおこなっている。だがしかしＡ氏は、「私たちは反基地運動を否定しているわけではない。ただ、運動のやり方には問題があると思っている。自分たちは基地賛成でもオスプレイ賛成でもない」[*4]という。とはいえ基地については、「自分たちは日本の国防を担っているという誇りがある。基地は負担ではなく誇りにかえるべきだ。中国の脅威、とくに中国からシーレーン[*5]を防衛することは、沖縄でしか担えない役割であり、堂々と担うべきだ」と、その存在を肯定している。

このA氏の発言には一貫性がないようにみえる。基地賛成ではないと言いながら、基地が国防に貢献している点を評価しており、反基地運動を激しく批判する行動をとりながら、それは手法に対する批判であって運動それ自体は否定しないという。だがこれを、「米軍基地とともに生きてきた沖縄」を肯定するための論理だと考えれば、辻褄が合ってくる。

沖縄では、米軍基地に対しては反対の立場が主流である。基地負担の見返りとして沖縄に投下されてきたさまざまな振興事業や税制上の優遇措置、基地に提供している土地に対して支払われる軍用地料、軍関係者による消費など、米軍基地に由来する経済効果全般を指す「基地経済」への期待から基地の存在を容認してきた沖縄の保守層であっても、米軍基地は整理縮小すべきだとの立場を崩すことはない。しかし、基地経済が一定数の沖縄県民の生活を支えていることは事実であるし、米兵との交流は、とくに基地の周辺地域では、友人関係から婚姻に至るまで多様にみられる。このように沖縄にとって基地とは、プラスもマイナスも含めて「共に生きてきた」存在なのであり、そう簡単に否定できるものではない。

だが、琉球独立学会やオール沖縄勢力の台頭が明確に示しているとおり、沖縄全体で反基地の機運は高まっている。そして、A氏らがHCPの活動を開始する直前に開催された二〇一二年九月の「オスプレイ配備に反対する沖縄県民大会」は、保革を超えた超党派で実施されている。それは「基地容認の保守」と「基地反対の革新」という、基地をめぐる沖縄の政治状況のバランスが崩れたということでもあったのである。

だからA氏らは、「沖縄では基地反対、オスプレイ反対しかいえない。そんななかで親米的な声を上げるのは怖いことだった。でも自分たちがやらなければという想いで立ちあがった」。反基地に傾いたバランスに対抗するためには、仕方なしの「容認」ではなく、積極的な「賛成」を示さなければならなかったということなのだろう。

そして重要なのは、基地に賛成する理由として「国防への貢献」を掲げ、「日本人としての沖縄県民」というスタンスを強調していることである。確かにオール沖縄勢力も、日本の一員としての沖縄を主張している。しかしその目的は、差別的な状況におかれている沖縄の基地負担の軽減を日本政府に要求するためであったし、ルーツとしての琉球も意識されていた。これに対してHCPは、琉球には言及せず、積極的に日本にアイデンティファイしている。そうすることで彼らは、基地の存在を肯定する論理を手にすることができるからだ。保守系の政党も反基地の傾向を強めていくなか、基地を肯定する論理を提供してくれるのは、日本しかない。それゆえにHCPは自身の日本人性を強調する。たとえばA氏に自身のアイデンティティについて問いかけると、「日本人というアイデンティティはある。もちろん自分はウチナンチュ（沖縄人）ではあるけれど、殻をつくる必要はないと考えているし、大阪の人たちが自分のことを大阪人だというのと同じことと」と、沖縄の特殊性をあえて消すような答えを返してきた。[*6]

⦿——三グループにおけるナショナルの位相と米軍基地への姿勢

以上、三グループの成立の経緯とその主張について見てきた。ここまでの議論にもとづき、この三グループを、二つのネイションの位置づけと、その選択に大きく影響している米軍基地に対する姿勢に着目して整理したのが**表Ⅰ**である。

この表からは、いずれのグループも、ネイションの位置づけと米軍基地に対する姿勢とが、どちらが先でどちらが後かは判然とはしないものの、相互に影響しあっていることがわかる。琉球ネイションにもっとも強く依拠している琉球独立学会は、米軍基地についても自衛隊基地まで含めた全面撤去を訴えており、もっとも強く反対している。逆に日本ネイションにもっとも強く依拠しているＨＣＰは、国防に貢献している沖縄をアピールし、「米軍基地とともに生きてきた沖縄」を肯定的に受容するために、米軍基地の存在をもっとも積極的に評価している。そしてオール沖縄勢力は両グループのあいだに位置している。琉球ネイションをルーツにおきつつも日本の一員である「沖縄県民」としてのポジションは維持しており、そしてこれ以上の基地負担の増加に対しては強硬に反対しつつも米軍基地のすべてを撤去しようとはしておらず、自衛隊基地についても容認している。

表Ⅰ　三グループにおけるネイションの位相と米軍基地への姿勢

	琉球独立学会	オール沖縄勢力	HCP
日本ネイションの位置づけ	琉球ネイションを差別してきた存在	日本の一県として政府とは対立しつつ、日本ネイションには理解を希求	沖縄県民は日本ネイションであることを積極的にアピール
琉球ネイションの位置づけ	本来のネイション。沖縄を平和と希望の島にするためには琉球国としての独立が必要	ルーツではあるが、アイデンティティは日本の一県としての沖縄県に置き、独立までは求めていない	沖縄県民は当然に日本ネイションである以上、言及する必要はない
米軍基地に対する姿勢	すべての米軍基地、自衛隊基地を撤去すべき	オスプレイと辺野古移設はNO、普天間は閉鎖、それ以外は現状容認	国防上必要な存在であり、積極的に評価

ではこの三つのグループは、沖縄においてどのように受容されているのであろうか。次節以降、社会的アイデンティティ理論の知見を援用しながら、その現状を描出していこう。

⦿——社会的アイデンティティとしてのナショナルアイデンティティ

社会的アイデンティティ理論は、社会集団を心理的に測定可能な対象に位置づけるために、社会心理学の分野で彫琢されてきた理論である。この理論を主導してきた社会心理学者のマイケル・ホッグとドミニク・アブラムスは、社会的アイデンティティを、自分がある社会集団に所属しているという知識であり、その社会集団の成員が、同じ社会的カテゴリの成員であると知覚している状態のことであると整理している（Hogg and Abrams［1988］＝［1995］6）。そして社会的アイデンティティ理論は「社会は相互に関係のある勢力と地位を意味するさまざまな社会的カテゴリーから成り立っているという仮定」（同書、13）にもとづいており、カテゴリ自体も、カテゴリの特徴を規定する内容も、そしてカテゴリ間の相互関係も絶えず変動しているという。

さらにホッグらは、特定の社会的集団に自己をアイデンティファイする「自己カテゴリ化」に注目する。ある社会的集団への自己カテゴリ化をおこなった個人は、その集団に準拠し、行動を決定するようになる。つまり自己カテゴリ化とは「個人を集団人に変える過程」（同書、21）なのであり、その結果、自カテゴリ内の類似性と、他カテゴリとの差異性を強調するようになっていく。

そして自己カテゴリ化の契機は「カテゴリー化が個人にとって重要であり・顕現し・個人の価値観に直

接関連している場合」(同書、21)にあるという。では、このような状況を生じさせ、人びとを自己カテゴリ化へと誘う契機となるものとはいったい何だろうか。

この問いについて考えるうえで参考になる二つの研究を紹介しよう。まずは、一九六〇年代のアメリカにおける「汎アジア系アメリカ人」カテゴリ形成の要因について考察したEspiritu[1992]である。Espirituは、アジア系アメリカ人は、ルーツとなる国が異なろうとも他のアメリカ人からはアジア系と一緒くたにみられてしまうという現状にもとづいたうえで、そのアジア系アメリカ人が差別や攻撃の対象となったとき、「汎アジア系アメリカ人」というカテゴリが構築され、汎アジア系として組織化がなされたことを指摘した。

もう一つは国際関係論の立場から、日本とオーストラリアの両国がイニシアティブをとって「アジア太平洋経済協力会議(APEC)」の設立を推し進めた理由について検討した大庭[2004]である。大庭は日本とオーストラリアを、どの国家グループにおいても周辺的な地位におかれている「境界国家」だと位置づける。そのうえで、ASEAN諸国の急激な経済発展や、アメリカからの自由貿易協定攻勢などの「危機/変動」にさらされた日豪両国が、境界国家として本来的に抱えていたアイデンティティの不安定性を強く認識させられたことによって、両国が中心に位置づくことのできる「アジア太平洋」という地域カテゴリを制度的に具現化したAPECの創出を主導したのだと結論づけている。

この二つの研究が示しているのは、自集団が危機にさらされていると実感されたときに、自己カテゴリの見直しが進むということである。沖縄が二〇〇九年九月の民主党政権発足以降の展開のなかで経験してきた一連の事態は、まさに沖縄にとって「危機の実感」だった。この過程をとおして沖縄では、政府、ひいては日本との関係性への疑問が高まり、そのことによってかつて琉球王国という独立した国家であったという歴史が呼び起こされた。それが琉球に自己カテゴリ化した琉球独立学会の発足をひき起こしたのだし、「イデオロギーよりアイデンティティ」と訴えることで、日本の一県ではあるけれども、本土の他県とは異なる民族的ルーツをもつ沖縄に自己カテゴリ化したオール沖縄勢力の台頭をもたらしたのである。そして、こうした基地反対世論の沖縄県内における高まりが、「米軍基地とともに生きてきた沖縄」を肯定したい人たちを刺激し、それを肯定してくれる日本へと自己カテゴリ化したHCPのような活動の顕在化につながったのだといえよう。

⦿──沖縄における三グループの受容の実際

この三グループのうち、沖縄県民からもっとも強い支持を受けているのはオール沖縄勢力である。翁長氏が知事に選出された二〇一四年十一月十六日の沖縄県知事選挙では、翁長氏の得票率は五一・七％に達しており、次点の現職知事、仲井眞氏の得票率三七・三％を大きく上回っている。その後の衆議院解散によって十二月十四日に投開票を迎えた衆議院議員選挙でも、全国的には自公推薦の候補者が当選を重ねるなか、沖縄では四つの小選挙区すべてで辺野古移設NOを公約に掲げたオール沖縄勢力に属する候補者が当選している。また翁長知事への支持は、仲井眞前知事による辺野古沖埋め立ての承認を二〇一五年十月十三日に取り消すなど政府との対立が続いているなかでも高い水準を維持しており、取り消しの直後になされた県民世論調査でも、翁長知事の県政運営を評価すると答えた人が七八・六％を占めている（『沖縄タイムス』二〇一五年十月二十日付朝刊）。

だが、このオール沖縄勢力への支持率の高さは、他の二グループを支持する人たちが圧倒的な少数だということを意味しない。なぜならこの三グループは、沖縄の人たちから見れば、排他的な関係にあるわけではないからだ。その理由を共生社会論の議論から考えていこう。

岡本智周［2013］は、共生社会の核となる「多様性の尊重」と「社会の凝集性」の両立可能性が疑われるのは、社会を単一の位相で考えているからであると指摘している。「同一の位相で両者を同時に果たそうとすれば、どちらかの相対的な強さが批難されることになり、『共生』というそもそもの理念も否定されてしまう」（岡本［2013］127）からだ。そして岡本は続けて「人間は、必ずしも一つきりの社会を生きる存在ではない」という。その根拠として、共生を教育することの意味について考察した浜田寿美男［1998］を引きながら、「人間は、ある位相での『排他』を別の位相から捉え直すことのできる『二重性』をもった存在」であることをあげる。浜田によればその二重性とは、事実を眺めるまなざしの二重性である。それは、「事実を事実として、神のように眺め下ろす」上からの視点と、事実のただなかで生きている「この自分の身体のこの位置からしか」事実を見ることができないという下からの視点である（浜田［1998］224）。その両方の視点をもって社会を眺めることで、社会というものが、複数の社会が重なりあい、結びついたものとして存在していることが理解可能になるのである。

そして沖縄は、この「まなざしの二重性」が自覚されやすい環境にある。その理由は、沖縄には二つのネイションが併存していること、そして米軍基地という圧倒的な存在を抱えていることに求められる。

依拠しうるネイションとして琉球と日本という二つの可能性をもっている沖縄では、どちらのネイションに依拠するにせよ、なぜ依拠するのか、その理由を示さなければならない。そのため沖縄においては、ナショナリズムの被構築性が見えやすく、「神のように眺め下ろす」視点を獲得しやすい。ネイションの存在が絶対的なものではないため、メタ視点からとらえなければネイションを理解できないからだ。

実際、三グループのネイションの位置づけは、絶対的なものではない。琉球独立学会は、「本会の会員は琉球の島々に民族的ルーツを持つ琉球民族に限定する」（会則第四条）と、その構成員を本質主義的に規定しているが、琉球ネイションの国家として独立すること自体を目的としているわけではない。設立趣意書にあるように、重要なのは「琉球民族が植民地という『苦世（にがゆー）』から脱し、独自の民族として平和・自由・平等に生きることができる『甘世（あまゆー）』を一日も早く実現させる」ことである。HCPが日本ネイションに依拠しているのは、日本が「米軍基地とともに生きてきた沖縄」を肯定してくれる存在だからであり、自分自身が「ウチナンチュ」であることを否定しているわけではない。そしてオール沖縄勢力は、琉球ネイションからも日本ネイションからも距離をおきつつ、その両方を部分的に含んでいる「沖縄」に立ち位置を定め、内部における凝集を図り、外部に対して交渉を進めることで、基地負担の増加を阻止し、負担軽減を実現しようとしている。

そして沖縄には、生活のさまざまな側面に影響をおよぼしている米軍基地という圧倒的な存在がある。この存在の大きさゆえに、沖縄の人たちは、米軍基地という事実を身体の位置からとらえざるをえない。

浜田は、身体の位置から見える世界は、近くのものは大きく、遠くのものは小さく見える遠近法にしたがった世界であるとしたうえで、情報化が進展し、世界中の情報が時差なく入手できるようになったことで、日常から遠近の感覚が奪われてしまい、自分と同じように他者も遠近法にしたがった世界に生きていることが忘れられがちであること、それが日常生活における共生のあり方を歪めていることを指摘している（浜田［1998］229-230）。

だが沖縄の人たちは、身体の位置から米軍基地を経験しているため、みんながそれぞれの遠近法にしたがって基地を多様に経験していることを理解している。基地が沖縄に被害だけではなく利益ももたらしているということを、基地や米兵に対して反発の気持ちをもつこともあれば親しみを感じることもあるということを、理解しているのである。それゆえに沖縄の人たちは、すべての軍事基地がなくなればいいという琉球独立学会の思いも、これ以上の基地負担は受け入れられないというオール沖縄勢力の思いも、基地とともに生きてきた沖縄をもっと評価してほしいというＨＣＰの思いも、納得するかどうかは別として、少なくとも理解することはできるのであろう。

以上の理由から、沖縄では、二つのナショナルと米軍基地について違うベクトルをもっている三グループが併存しうるのである。そのなかでオール沖縄勢力に支持が集中しているのは、ネイションに対しても米軍基地に対しても最大公約数的なポジションを取っているからであり、オール沖縄勢力の両端には琉球独立学会とＨＣＰとが見えている。このグラデーションの内側のどこかに、沖縄の人たちは自らを位置づけているといえよう。

◉——「遠近法の世界」を生きる他者として沖縄を理解すること

以上、沖縄におけるネイションの位相について、ネイションの位置づけ、米軍基地に対する姿勢の双方が異なる三つのグループの分析をもとに論じてきた。そこから見えてきたのは、まず三グループがそれぞれ、米軍基地への姿勢と二つのネイションとの距離を相関させながら主張を構築していることであった。そのうえで、沖縄の人たちが二つのネイションに依拠しうる存在であり、そして米軍基地を身体の位置から経験しているからこそ、その多くが「まなざしの二重性」を自覚しており、社会が複層的に成立していることを見通しているため、三グループが排他的な関係にはないという理解が沖縄においては共有されていることを示してきた。その意味で沖縄では、ネイションと米軍基地をめぐるさまざまな立場の人たちが、対立しながらも共生していると言うこともできるだろう。

このことは、日本と沖縄との共生を考えるうえで示唆的である。「ナショナルアイデンティティの問い直し」を経て沖縄が生みだした三グループは、しかし、おそらく日本からは、基地に反対しているグループと賛成しているグループの二つにしか見えていない。前者の筆頭はオール沖縄勢力であり、琉球独立学会はそのなかの過激な人たちとして映っているだろうし、これ以上の基地負担の増加に対してのみ抵抗しているオール沖縄勢力のスタンスは理解されず、すべての軍事基地の撤去を要求しているようにしか見えないだろう。そしてHCPは、米軍基地が国防に果たしている理由を理解できている数少ない沖縄県民だとしか見られないだろう。なぜなら日本本土に住む「日本人」の多くは、沖縄における二つのネイションの微妙な関係性も、米軍基地という圧倒的な存在が沖縄の日常生活に及ぼしているさまざまな影響も共有していないため、かれらの目に沖縄は「理解できない他者」としてしか映らないからである。

この日本人による沖縄の「無理解」は、両者の排他的な関係に帰結する。実際、オール沖縄勢力の誕生の原点である「建白書」を政府に届けるために上京し、銀座でデモをおこなった沖縄の首長や県議たちは、本土の右翼団体から「非国民」「売国奴」「中国のスパイ」といった罵声を浴びせかけられている。そうした直接的な行動には至らずとも、辺野古移設に反対する活動に対して同様の言葉を投げつける言説は、インターネットをはじめとするさまざまなメディア上に蔓延している。そして、普天間基地移設問題をめぐって沖縄県との対立を深める日本政府は、沖縄側の主張をほとんど取りいれることなく辺野古への移設を強行している。このような状況が継続されれば、琉球ネイションへの依拠が沖縄においてさらに高まり、日本からの独立という選択が沖縄によってなされる可能性も否定しきれない。

だが、「観念の生き物」(浜田［1998］224)である人間は、神の視点に立ったかのように社会を観察し、異なるものどうしが共に生きることの意味を、生物学的な事実としてだけでなく、倫理の問題として理解できる唯一の存在である。共生を「すべきもの」として理解してきたからこそ、人間社会はなんとか破綻することなく存続してきたのだ。

日本と沖縄の関係に破綻が見えはじめているいまこそ、「日本人」には、沖縄を「理解できない他者」の位置において排他するのではなく、「共に生きる他者」として位置づけなおすことが求められている。そしてそのためには、本章で見てきたような沖縄におけるネイションの位相と米軍基地という経験を理解しようと努め、自分たちと同じ「遠近法の世界」を生きる他者として沖縄と接していくことが必要なのである。その過程をとおして、自分たち「日本人」が沖縄からどのように見られているのかを自覚することが第一歩となるだろう。

このことは、本書の序文が示したような「『あるもの』と『異なるもの』の関係性を対象化し、両者を隔てる社会的カテゴリそれ自体を、いまあるものとは別なるものへと組み直す現象」としての共生の実現を考えるうえで示唆的である。異なる存在であった他者もまた、自分たちと同じ「遠近法の世界」を生きているのだと理解することは、異なるリアルを経験してきた者・集団を理解することにつながる。それは、自他を分けるカテゴリの境界への問い直しの契機となり、組み直しの可能性を開くのである。

そしてそのためには、他者の「身体の位置」に立とうと意識しながら、他者の経験してきたリアルを学び、そのリアルに対する認識としてあらわれたリアリティをていねいに腑分けし、自分との相違点と共通点を析出していく作業が必要である。その認識を共有した先に見えてくる地平に、ネイションについての異なる認識をもつものどうしの共生の実現があるのだといえよう。

●注

＊1　普天間基地移設問題を中心とする諸問題の一連の経緯については、熊本［2010］［2014a］［2014b］を参照のこと。

＊2　日本会議ウェブサイト「八百五十名が集い、沖縄祖国復帰三十九周年大会が盛大に開催さる」より（2015.11.23取得、http://www.nipponkaigi.org/activity/archives/2496）。

＊3　A氏が開設している個人名義のFacebookページは、多くのフォロワーを抱えており、投稿に対する賛同を示す「い

いね！」の数が千を超える記事も多い。

＊4　二〇一五年三月十七日聞き取り。以下、A氏の発言はすべてこの聞き取り調査をとおして得られたものである。

＊5　シーレーンとは、国の通商上・戦略上、重要な価値を有し、有事にさいして確保すべき海上交通路のこと。日本の南方の海域に中国軍が侵出し、日本のシーレーンを分断しようとしているという主張が、「中国脅威論」の代表的な例である。

＊6　しかも「中国の脅威」への実感が、沖縄を含む日本全体で高まるなか、中国との国境に位置する沖縄が、米軍基地負担の受け入れという形で国防に、ひいては日本に貢献しているという論理は、その脅威を身近に感じている沖縄でも受け入れられやすい。つまり彼らが「国防への貢献」を理由にあげて基地を積極的に肯定することは、沖縄県民からの支持を得るためにも必要なことだったといえよう。

●文献

Espiritu, Yen Le［1992］*Asian American Panethnicity*, Temple University Press, Philadelphia.

Hogg, Michael A., and Dominic Abrams［1988］*Social Identifications: A Social Psychology of Intergroup Relations and Group Processes*, Routledge.（＝［1995］吉森護・野村泰代訳『社会的アイデンティティ理論――新しい社会心理学体系化のための一般理論』北大路書房）

大庭三枝［2004］『アジア太平洋地域形成への道程――境界国家日豪のアイデンティティ構築と地域主義』ミネルヴァ書房

岡本智周［2013］『共生社会とナショナルヒストリー――歴史教科書の視点から』勁草書房

熊本博之［2010］「基地が沖縄にもたらしたもの――名護市辺野古区を事例に」勝方＝稲福恵子・前嵩西一馬編『沖縄学入門――空腹の作法』昭和堂、272-287

――――［2014a］「米軍基地を受け入れる論理――キャンプ・シュワブと辺野古社会の変貌」難波功士編『米軍基地文化』新曜社、253-277

――――［2014b］「名護市辺野古と米軍基地」谷富夫・安藤由美・野入直美編『持続と変容の沖縄社会――沖縄的なるもの

の現在』ミネルヴァ書房、200-217
浜田寿美男［1998］「共生の倫理と教育――共生を求めるとはどういうことか？」佐伯胖ほか編『岩波講座　現代の教育1　いま教育を問う』岩波書店、215-236
松島泰勝［2006］『琉球の「自治」』藤原書店
――［2014］『琉球独立論――琉球民族のマニフェスト』バジリコ

「国民」カテゴリの揺らぎへの対処

人間がたがいにものを伝えあったり教え学びあったりするのは、たがいの関係を支える社会について、さまざまな知識を共有するためである。そして人びとが自らの生きる社会について学び知り、その知識を運用することによって、社会の側にも実体性と持続性が与えられる。あらゆる社会でメディアはそのために機能しており、学校をはじめとするさまざまな形態の教育の仕組みもそのために用意される。社会成員がそこに参加することによって、一定の知識が人びとのあいだに浸透することになる。

そのさいに共有される知識とは、法や制度についての定式化された情報ばかりに限られない。慣習や文化のような不定形のものも含まれ、それらは望ましさとしての価値や、行為基準としての規範を内に含んでいる。

この「ナショナリズム」のパートが取りあげる「伝統」とは、そのような不定形の知識の一つに位置づくものである。そして重要なことに、伝統性は古くからある事物のすべてに一様に認められるわけではない。現在のその社会において「望ましいもの」「あるべきこと」が投影された事物が、選択されたうえで「伝統」となる。

したがってそのように創出された「伝統」は、社会の状況に応じておのずと変容せざるをえない。本書が観察の対象とする個人化の進行と社会的カテゴリの更新に伴って、日本社会で「伝統」とされるものの形態も内容も実際に変化してきた。またその一方では、既存の規範や社会認識の枠組みを堅持・再確立しようとする言説が生じ、力をもつことにもなった。かつて創出された「伝統」を、本来あるべき国家・国民の姿を示すものとし、それを「とりもどそう」とする発想が社会的な力を得る現象は、二十一世紀の日本社会においても顕著である。

このパートでは、そのような伝統の正当性をめぐる社会的なせめぎあいを記述・分析することを課題とした。その作業のために、第1章では「創られた伝統」をもって国民社会を下支えさせようとする近年の保守系プロジェクトの精査を、第2章では次世代が教育をとおして受けとる「伝統」の内容分析をおこなった。さらに第3章では、現在の沖縄で主張されるアイデンティティと「琉球」「日本」というネイション概念との関係を検討した。三つの章をとおして描かれるのは、伝統の構築性そのものが可視化されている現在の日本社会の状況であり、それゆえに「伝統」が伝統的に機能することはもはや難しいという事実である。

第1章の平野直子「保守言論における『日本』と『危機』——カテゴリの更新を拒む言説とその限界」は、従来の社会的カテゴリや社会的な規範を「保守」しようとする側の思考を追った。保守的言説のプラットフォームの役割を果たす諸団体に着目し、彼らが発信する伝統のあり方や安全保障をめぐる議論、あるいはナショナリズムにもとづく主張を分析した。そこで見出されるのは、「危機と救済の物語」と呼ぶことのできる一連の筋立てをもったストーリーである。それは後期近代社会の流動性への対抗言説であり、その構成要素は、「時間的・空間的に一貫した国家『日本』とその伝統」「戦後の占領による『ユートピア・

伝統日本』の喪失」「現在の危機」「問題解決（救済）へのプログラム」の四点に整理される。

注目しなければならないのは、保守的言説で提示される伝統にもとづいた「あるべき日本（人）の姿」もまた、示されたそばから即座に問い返されてしまうという現在の社会環境である。流動性が高く、「正しさ」の根拠がつねに問い返される現代社会においては、社会生活についての一つの規範を唯一のものとしようとすること、すなわち更新されない絶対的な正しさを求めることそれ自体に、自己否定のリスクが伴う。社会で共有される知識の枠組みに多様性や幅があることについて、理解がなされることの意味と意義が、この章でも強調されたことになる。

「危機と救済の物語」の第四の構成要素である「問題解決（救済）へのプログラム」は、よき「伝統」が教育によって社会に浸透することを目指すものであった。そこで第2章の岡本智周「歴史教育内容の現状と、伝統の学び方のこれから」は、学校歴史教育で扱われる内容の現状と変遷を検討し、保守運動から発せられる要請に対して実際の教育の側がいかに反応しているのかを提示した。具体的な検討対象は、二〇一二年に発行された中学校歴史・公民、および二〇一三〜二〇一四年に発行された高校世界史・日本史の教科書である。これらの媒体で採用されている国家観や社会イメージを吟味することによって、保守的言説における「危機と救済の物語」が、現在の学校歴史教育の性質とは相容れないものであることが示された。

近年の日本の歴史教育では、「国民」や「日本」といった社会的カテゴリが歴史上のある時点で創りだされたものであることを明示する性質が徐々に強くなっている。歴史教科書のなかで、伝統的なものとして正当化される国家・国民のカテゴリは、遥かな過去に動かず存在する確固としたものとしてではなく、ある時点の人間の視点から再構成されたものとして伝達されるようになっている。これをもって第2章では、「伝統」が教育されることの意味自体の変質を指摘した。そのように歴史教育内容の性質をとらえてみることもまた、社会的カテゴリの更新に向けた資源を利用可能な状態にすることにつながるだろうとするのが、この章での議論である。

第3章の熊本博之「沖縄におけるネイションの位相と米軍基地」では、後期近代に特徴的な、ナショナルアイデンティティの複数化状況が検討された。近年の沖縄では、日本国内の米軍基地が沖縄に過剰に集中し、いままた新基地の建設が進められようとしている事態への態度を起点として、大きく三つの形態の集団的自己自覚の表明がなされている。「琉球」の独立性を主張する言説、「沖縄」という表象が呼び込む要素を活用する言説、そして、基地負担の国防への貢献を意義づけつつ「日本」の一部であることを強調する言説である。第3章ではこれらの吟味をとおして、沖縄における凝集性の論理のバリエーションと、その相互関係を見た。

共生をめぐる議論として重要なのは、「琉球」および「日本」というネイションの選択はいずれも基地の存在にかかわるリアルな経験と認識を基礎としており、そのために三つの異なるメッセージが発せられながらも、相互に排他的な関係にはならないとされる点である。「日本人」がその理由を理解し共有することが、日本と沖縄の関係性の組み直しにつながるというこの章の議論からは、人間が帰属する社会空間の多重性と、異なる位相からの「遠近法」によって社会事象を理解することの実際を読みとることができる。

後期近代とは、社会のおよそすべてが人の手によってつくられたものであることが自覚された時代であるとされる。そのため、社会の全体的な動きについての一元的な説明も難しくなったといわれる。社会のあらゆる現象に、人びとの多様な行為とのかかわりが想定されるからである。しかしそうであればこそ、社会の動きの実際を記述し、その多元的な動因について、たとえ暫定的なものであったとしても分析を重ねていくことが、現在の社会学研究の必須の課題となっている。このパートで展開されたのは、その一端となる作業である。

（岡本智周）

ケア
――ジェンダーと障害

男女の共同参画や障害者の
社会的包摂の目標として語られる
「自立」「活躍」。
これらの言葉の背後には、
つねに人間のケアの場が横たわっている。
社会変動のなかで、ケアの場は
そのままで十分に機能するのだろうか。
ケアを豊かなものとするために、
これまでの社会的な関係のあり方もまた、
問い直されなければならない。

第4章 ジェンダーカテゴリとマイノリティ
――父子家庭が問いかけるもの

笹野悦子

本章から第6章までは「ケア」のパートである。ここでは、子ども・障害者・高齢者などを対象とした子育て・介助・介護などの営為を「ケア」としている。それぞれの章で、父子家庭、母親による子育て、障害のある人をテーマとして「ケア」をめぐる主体化、主体性の変更を記述する（高齢者を対象としたケアについては本書では言及していない）。

男女が結婚して「男性」は主たる稼得者として家族を養い「女性」は子どもを産み育てつつ補助的稼得者として仕事をするという、ジェンダー固定的役割の上に成り立つ家族関係において、子育ては家族のなかでとりわけ母親が担うものと認識されてきた。戦後の諸政策における世帯モデルとなるいわゆる「標準世帯」も、サラリーマンの夫と専業主婦の妻に子ども二人（戦後初期には三人）という構成である。だが、労働市場では不足する労働力の補充のために既婚女性の参入を促すことになる。

平成二十五年版『男女共同参画白書』によると二十五歳から六十四歳までの有配偶女性の労働力率は五〇％を超えており、なかでも四十五歳から五十四歳では七二％前後と四人に三人は仕事をもっている。有子女性だけに限っても末子年齢十八歳未満の女性の六六％は就業している（厚生労働省「平成二十六年国民生活基礎調査の概況」）。一方で、後述するように離婚の増加によるひとり親家庭も増加しており、二〇一〇年「国勢調査」によると「夫婦と子ども」からなる世帯が全世帯の二八％、「男親または女親と子ども」からなる世帯も九％にのぼる。子どもを育てる家族のモデルが複数化し、家族におけるジェンダー役割はその自明性を問われつつある。

本章では父子家庭という事象を取りあげ、従来「女性」の問題として議論されてきたジェンダー問題を「男性」の視点であらためて問う。子育てをめぐるジェンダー格差は何であったか、ジェンダー編成の組み直しがいかにして進むのかを考察し、家族のなかだけで子どもを育てることの限界を次章への課題として提示したい。

⊙――父子家庭への気づきと父子家庭の「困難」

ひとり親世帯の「母子家庭」については早く社会問題として認識され取り組まれていたが、「父子家庭」が社会問題として認知されはじめるのは一九八〇年代に入ってからである。本節と次節ではまず「父子家庭」はどのように看過され、さらに見出されたのかを確認する。

ひとり親家庭政策の基礎資料としては、労働省（当時）が一九四八年から五〇年にかけて実施した「女世帯生活実態調査」、厚生省（当時）が一九五二年（四九年とする説もある）以来実施している「全国母子世帯等調査」がある。[*1] 母子世帯調査として開始されたこの調査に、一九八三年から父子世帯調査が加えられるようになる。また、マスメディアにおいても、父子家庭への関心がこのころから高まる。一九八〇年に北海道新聞に三か月にわたり連載されたシリーズ「消えたエプロン――ルポ父子家庭」は「〝一億総中流〟のぬるま湯的な風潮の中で、谷間に取り残され、孤軍奮闘する父と子の後ろ姿」を報告し、翌年、書籍化された。日本経済新聞は一九八四年十二月十日〜十七日に七回シリーズ「父子家庭」の連載特集を組んで事例を報告して「こうしたケースは今や決して例外ではない」と指摘し、「単親家庭の親たちの連帯の輪も、少しずつではあるが広がりつつある」ことを紹介する。一九九二年十二月七日〜十一日にも五回シリーズ「男手でも」を連載する。この時期のメディアでの取り扱いは、困難な事例としての父子家庭の紹介にウェイトをおく傾向がみられた。

一九八〇年代になるまで父子世帯の存在とその困難が看過されてきた背景には、①父子世帯の出現率が低いこと、②父子世帯の主要な生活課題は家事・育児であり、経済的扶養の問題はないと考えられてきたこと、③父子世帯の大部分が死別世帯であり親族による援助によって生活が支えられているとみなされてきたことが指摘されている（中田ほか［2001］、湯澤［2013］）。これらに加えて四つめの要因として、一九八〇年代に生じた母子家庭数の生別／死別の逆転に伴うひとり親家庭の意味づけの変化（藤原［2010］）を挙げることができよう。後述するように、一九七〇年代から八〇年代にかけて、時代を問わず起こりうる離死別や未婚による母子家庭の件数が、夫の戦死というある一時期に限られた特別な要因によって生じた圧倒的多数の死別母子家庭の件数を上回る。この転換を通じて配偶者との離死別は女性だけでなく男性にも経験されることとして一般化され、ひとり親家庭である父子家庭にも社会的関心が寄せられるようになったと考えられる。

だが、二〇一〇年代に入っても父子家庭のもつ困難は見えにくいかたちで続いている。二〇一二年にNHK「ハートネットTV」が「シングルファーザー『子育て』と『仕事』両立の悩み」で募集した書き込み[*2]には、強くあらねばならない男性規範と、実際的には相談相手やサポート不足の状態との狭間に追いつめられ、無力感や絶望感に侵食される日常が吐露されている。「ジジババが不在の時に呼び出しが掛かり、鞄に粉ミルクと白湯、オムツ、オンブ紐を入れ、子供を連れて現場に向かい、ヘルメットを被り、赤ん坊をオンブしながら機械の修理を何度かしました。男女平等など絵空事です、男は甘えは許されない」（四十代）、「自分はさておき、今こうしていると、周囲の協力がなく、小さな子を抱えて途方にくれている人が気にかかります。その人たちは投稿する余裕もないでしょうから、そして私にも考えたくない明日が迫っています」（年齢不詳）、「中には男はどうだ…、仕事というものは…ってな感じでうんちくを言う人もいます。（中略）的確なことを相談できる人が見直《ママ（みぢか）》に居ないのも事実です」（四十代）、「一人で何も出来ませんので、昨年の立川の事件同様の事もあり得るかもしれませんね。仕事の事も訳あり父子なので辞めさせられたこともあります。今の会社も、いつ辞めさせられるか……。（中略）やるだけやってみるが、あと数年でダメでしょうね」（四十代）。四例めの「立川の事件」とは、障害のある四歳の子が母親に殺害された二〇一一年の事件を指す。
二〇一三年には父子家庭の父親が五歳の息子に暴行して死なせる事件が発生した。裁判の一審で裁判長は「被告は四人の子の育児をほとんど一人で行い、精いっぱい愛情を注いできた。自己中心的な動機の児童虐待の事案とは異なる」と事情を考慮しているが[*3]、この事件は報道直後から父子家庭の父親の「他人ごとではない」「明日はわが身」という反響が大きかった。後述する「全国父子家庭支援ネットワーク」理事長の村上吉宣は、父親たちの男性規範ゆえに抱える困難をつぎのように述べる。

実は「助けてほしい」という人はほとんどいません。ついこの間も、あるメディアから、かわいそうな事例を紹介してほしいと頼まれましたが、みんな、自分の力で頑張りたいと思っているから、そういうコメントが出てこない。シングルファザーが「助けて」というのは、本当に追い詰められて生きるか死ぬかの瀬戸際か、もしくは精神疾患を抱えているような場合です。最後の最後までSOSを出さないし、出せない。「男なんだから」頑張らないと、という思いもあるでしょう。[*4]

近年、このような状況を背景にして、「子育てなどを気軽に相談できる『ママ友ネットワーク』」もなく、「誰に何を相談して良いのかもわからぬまま、会社で社会で孤立してしまう」(北海道シングルパパ支援ネットワーク「えぞ父子ネット」)父子家庭の父たちのネットワークづくりが各地で起きている。

一方で行政の父子家庭への対応をみると、一九八三年に「全国母子世帯等調査」の対象に加えたあと、九〇年代に入り父子家庭への支援を開始する。それは「父子家庭等支援事業」（一九九六年）のように在宅での家庭生活を確保するための養育支援が主流であった。所得保障については、母子家庭に限られていた児童扶養手当（全部支給で一人目・四万二千円、二〇一五年）が二〇一〇年に父子家庭も支給対象となる。

遺族基礎年金（七十八万百円+子の加算、二〇一五年）も従来は支給対象外であったが、二〇一四年から、妻が同年四月以降に死亡した夫に限定して支給が開始された。遺族厚生年金は妻死亡時の夫年齢が六十歳から五十五歳以上に引き下げられたが、十八歳以下の子を育てる父子家庭の受給機会は少ない（母子家庭では夫死亡時の妻年齢三十歳以上は無条件）。また、就労や児童の就学などで資金が必要となったときに、行政から貸し付けを受けられる「母子寡婦福祉資金貸付金」も二〇一四年に父子家庭に拡大された。就業支援としては、「母子家庭の母の就業の支援に関する特別措置法」が父子家庭も対象となり（二〇一二年）、「高等技能訓練促進費等事業」も改正され父

表1　母子家庭・父子家庭の現状

	母子世帯（平均世帯人員3.42人）	父子世帯（平均世帯人員3.77人）
世帯数（推計値）	123.8万世帯	22.3万世帯
ひとり親世帯になった理由	離婚 80.8%	離婚 74.3%
	死別 7.5%	死別 16.8%
就業状況（就業している割合）	80.6%	91.3%
平均年間収入（世帯の収入）	291万円	455万円
同　（うち死別）	451万円	586万円
同　（うち生別）	278万円	431万円
平均年間就労収入	181万円	360万円

*児童のいる世帯の平均年間収入は658.1万円

出典：厚生労働省「平成23年度全国母子世帯等調査」

子家庭の父も母子家庭の母と同様に訓練促進費を受給しながらの資格取得が可能になった（二〇一四年）。企業向けにも、ひとり親の雇用に対して国が賃金の一部を助成する「自立支援給付金事業及び特定就職困難者雇用開発助成金」の対象が父子家庭に拡大された（二〇一三年）。

たしかに、**表1**のとおり、母子家庭と父子家庭の収入は平均でみると後者のほうが多い。所得制限のある児童扶養手当受給者数は二〇一三年度、母が百一万三千人、父が六万五千人、養育者が五千人である（厚生労働省二〇一四年、「ひとり親家庭の支援について」）。相対的にみると父子家庭よりも母子家庭のほうがより貧困であるが、経済的困窮にある父子家庭は少なくない。父子家庭の年間収入は、児童のいる世帯の平均収入の七割に満たず、三一％は三百万円未満である。また、相対的貧困率は母子家庭五一・二％、父子家庭も二一・八％にのぼる（内閣府、平成二十三年度「親と子の生活意識に関する調査」）。父子家庭への経済支援は不可欠である。

⦿――ジェンダーカテゴリを主体的に書き換える試み

上述のように二〇一〇年にようやく父子家庭も児童扶養手当の対象となり所得保障の範疇に加えられ、これを契機として父子家庭への支援が拡張されはじめるが、このとき法改正に向けて請願運動を展開したのは「ＮＰＯ法人全国父子家庭支援連絡会」（全父子連）である。児童扶養手当の父子家庭への支給という共通の願いをもつシングルファーザーたちは二〇〇九年にインターネットを通じて知り合い、運動を展開し、その過程でＮＰＯ法人を立ち上げる。*5 当時、理事のひとりだった村上吉宣は、離婚と子どもの看病で離職し、生活保護以外の公的支援を探しながら請願・陳情運動をおこなっていた。「父子家庭への児童扶養手当支給」をマニフェストに掲げた民主党が衆院選での過半数獲得を目前とした日に、彼はブログに記す。

「男女共同参画推進の流れの中での／父子家庭への児童扶養手当を求める活動。」／それが原点だったんじゃないのかなぁっという事なのかなぁと思いました。父子家庭へも児童扶養手当を支給してほしい!!（中略）／その差別問題は男性が育児参加へ進むためのセーフティーネットが無い事を示していて／更には裏を返してみると女性＝子育て支援という、偏った価値観も浮き彫りにしてしまっている。／浮き彫りになった問題を掘り起こしてみると、支援制度の中身は＝女性支援となっていて／子どもの権利や人権を守る側面も持つ支援制度が、女性を守るにすり替わってしまっている。（中略）もちろん「ひとり親」で子育てをしながら仕事をしていく困難さとも等しいと当然思うんです。／社会の中で、企業の中で、仕事と子育ての両立の問題を見た時に／一人親への支援として児童扶養手当や技能習得制度や就労支援などがあるのだと考えます。（中略）そういった男女共同参画という枠組みの中で、児童扶養手当などの男女差別が存在する問題を議論して進めていかないと、結局は「そこ」だけの話で終わってしまうんじゃないだろうか？[*6]（原文は「／」の箇所で改行）

村上が指摘するのは、父子家庭の被る不利益は、「子どもの権利や人権を守る側面も持つ」子育て支援が、母親である「女性」の支援に偏っていたことに由来するという点である。単親で子どもを育てる親にジェンダーの序列が付けられ、「女性」の母親だけが子を育てる「親」として承認され「男性」である父親が除外されてきたことを、運動を展開する父子家庭の当事者として述懐する。「児童扶養手当支給」という単一の要求にとどまらず、排除されている男性の観点に立つジェンダー平等を実現していかなければならないことを彼は強調する。彼の述懐は、子育てが「女性」の役割であり子育てゆえに社会的経済的不利益を被ってきたマイノリティとしての「女性」を支援しなければならないという、それまでの日本社会が共有してきたジェンダー認識にくさびを打ち込むものである。

「女性が母親役割を担うこと」の意味と雇用労働などの公的（家庭外）領域における女性の周縁性は、フェミニズム、ジェンダー研究のなかで問題化されてきた。両性の親の分業関係のなかで「女性」が子育てを担っているのは「自然」な現象ではないことが明らかにされ、社会経済制度および家父長制と関連づけて夫婦の関係が究明された。そこでの問題は「女性」の社会的地位の低さであり、「女性」の家庭と職業のバランスであった。子育て支援政策も女性支援政策として施策されている。そのようにして問題を抱えるのは育児をする「女性」の親であることが前面に押しだされ、育児をする「男性」の親は不可視化されてきた。*7

このような状況下で、ひとり親家庭、とりわけ父子家庭で子どもを育てるとはどのようなことなのか、前述の村上の言葉がそれを如実に物語る。彼は「時間が足りない」と言う。「ひとり親になると二人で四十八時間でやっていたことを一人でやらなくてはいけない、二十四時間で」[*8]。これは母子家庭も父子家庭も同様であろう。だが、父親はその上に「男性の親」と意味づけられる。やむをえず生活保護を申請にいった役所の窓口で村上は「お父さんが元気なんだから働けばいいじゃないか」と言われた経験を語る（仙台放送［2010］）。父親に期待されることは、まず仕事をして家族を扶養することであり、子育てをして仕事ができない父親が逸脱視されていることがうかがわれる。こうした文脈のなかで、彼らはこれまで社会的に不可視化されてきた父子家庭の親が「男性」であるために受けてきた不利益を訴え、児童扶養手当の父子家庭への支給を求めて国への提言活動を始めた。

児童扶養手当の支給が父子家庭に拡大され予算計上が決定したことを受けて、当時の全父子連代表理事はつぎのように記している。

> 多くの支援者、報道関係者のご協力、政治家の方々のご尽力により、平成二十二年度予算に父子家庭への児童扶養手当予算が組み込まれました。／全父子連のファースト・ミッションの達成です。／これは、この日本で、社会福祉・ひとり親支援で、初めて父子家庭が世の中に認知された瞬間です。／歴史的快挙です。／この歴史的快挙に、全父子連は一役を担った思いがあります。／男女共同参画社会が叫ばれ十年ですが、本当の意味での男女共同参画社会のスタートだと思っております。[*9]（原文は「／」の箇所で改行。傍線は引用者）

運動の過程で、彼らは自分たちの運動が「女性」支援のカウンターパワーとしての「男性」支援を求めるだけものではなく、「ひとり親」の困難解消に向けてジェンダーの区分を超えた平等の立場で解決することの重要性を認識していく。

先述の村上も「男性の意識が変われば家庭が変わる、地域が変わる、そして企業が変わる。それは父子家庭にとっても母子家庭にとっても、そして女性にとっても生きやすい社会となる」とオンライン会議で主張する[*10]（二〇一二年）。オンライン会議の投稿者のひとりは「父子家庭の支援拡充は必要だと思います。これには、母・父という区別のない、所得や家庭環境に応じた支援内容に変え、支援の公平性を図る事が先決だと思います。そうなれば、母子・父子家庭が同じ境遇として互いに理解し、協力し合いながら、まだまだ男女に関する慣習根強い社会へ、ひとり親家庭にとって暮らしやすい社会を提言していけると思います」と述べる。ひとり親支援において男親が受けてきた不利益を解消するというところにとどまらず、「男親／女親」の区別を超えた子育ての困難への気づきを生んでいることがここでは重要である。

全父子連はその後、二〇一一年の東日本大震災で生じた死別によるひとり親家庭の困窮と遺族年金支給のジェンダー差に直面する。この年金支給における父子家庭と母子家庭の格差に焦点をあて、大臣への要望書の提出、講演などの働きかけをする。二〇一四年四月の年金法改正により、父子家庭のうち法律施行の二〇一四年四月以降に妻が死亡した場合には遺族基礎年金が支給されるようになるが、それ以前に妻が死亡していた場合には支給されないという格差が生じた。この事態を特例法によって救済していく活動が続いている。

◉──標準的ひとり親家庭としての母子家庭

ここで、近代日本において「ひとり親家庭」はどのように位置づけられていたのかを、国の対応をとおして概観しておきたい。

一八九八年に明治民法が施行され「家族」が法的根拠をもつようになると、それ以前、離婚後に性別や身分によって父と母に分けて育てられていた子どもたちは、すべて「家」を同じくする父の親権に帰属するものになった。だが、同時に親権とは別に監護を規定して、離婚後、母親が子を監護する道を設けた。これは家父長制と同時に、子を養育する母役割の制度化を意味する（広井［2001］）。「家」に帰属し父の親権のもとに育てられる子のいる家族は「父子家庭」としては不可視化される。

その一方で、夫との離死別によって「家」から切り離された母子の生活は厳しく、「母子」は社会が保護する必要のある存在として発見される。単位としての「母子」は家族とは異なるカテゴリとして認知され名づけられた。戦前の「母子」の保護を求める母子保護法制定促進運動は「女性」の問題であり、母性主義思想を内包した女性解放運動の一環として進められた。戦前のひとり親家庭は、母役割の定着をとおして父の親権から独立して「家」に属さない「母子」という単位で見出され、保護されるべきマイノリティとして位置づけられ、「救護法」（一九二九年）や、戦没者遺族を対象とした「母子保護法」「軍事扶助法」で対応された。

戦後は一転して六十万人近くにのぼる戦争未亡人[*11]の出現により母子家庭の困窮が社会問題化する。[*12]その行政対応の過程で一九六〇年代までに「母子家庭」の概念が定着し、これがひとり親家庭を代表することになる。戦後半世紀を超えるひとり親家庭への国の対応には複数の差異が内包され、序列化が図られている。

一つは、本章でとりあげているジェンダーによる差異化である。二〇〇二年「母子家庭等自立支援大綱」において父子家庭は、「母子家庭等」として施策の対象に位置づけられる。「母子家庭等」という表現で強調されるのはひとり親家庭における「母子家庭」の標準性であり、大綱において父子家庭は自立促進計画や就労支援策から除外されていた。そしてもう一つは、母たちのあいだの「死別」と「離別・非婚」の差異化である。

二〇〇二年大綱では、死別母子世帯への遺族年金の無条件支給に対して、離別・非婚の母子世帯に対しては就労による自立が福祉給付の条件とされた。ジェンダー化したパートナーシップを最後まで維持した妻に対しては無条件に遺族年金が支給されるのに対して、離婚や非婚によってジェンダー役割を自ら棄却した母に対しては就労による自助努力が条件づけられる。また、「離別・死別」に適用される所得税寡婦控除は「非婚」には適用されない。つまり、「ジェンダー役割順守」と「ジェンダー役割違反」のあいだの支援の序列が観察される。[*13]ひとり親家庭への対応は、一方で父子家庭を不可視化することで「母親」役割を「女性」に割り当てるジェンダー構成を暗に促してきた。そして他方で、「女性」の「母親」のなかにもまた分断と格差を構成し、ジェンダー役割を確認する装置として機能してきた。

つぎに、子育てをとりまく環境とその変化を「家族政策」[14]「女性の労働力化」「パートナーシップの変化」の三点に整理しておく。

⦿――家族政策とジェンダー・バイアス　子育てをとりまく環境①

日本の家族政策の特徴は、夫婦のジェンダー固定的役割にもとづく家族像を想定したうえに展開されてきたジェンダー・バイアスと、政策そのものの貧弱さにある。

まずジェンダー・バイアスについて検討しよう。ここでは家族を社会保障の支援対象としてよりも社会保障の担い手として位置づけ、ジェンダー役割を担う異性の二人親家族であることが前提とされる。国家ではなく家族、とりわけ女性が育児・ケアなど福祉の担い手であるべきことが期待され、税制や年金制度がそれを促してきた。

こうした「日本型福祉社会」を支えているのが、女性には生まれつき子育てを遂行する「母性」が備わるとする「母性イデオロギー」であり、それは一九六〇年代の家庭保育を重視する政策によって公的に支持された。たとえば、一九六三年の中央児童福祉審議会保育制度部会による中間報告「保育問題を考える」は、「保育はいかにあるべきか」と題した七つの原則を提示している。これらの原則からは、乳幼児期の子育てにおける「責任」はまず母親にあること、父親は母親に「協力」して子育てをする存在であること、さらに、そうした両親による「家庭保育」を守るために公的援助が位置づけられていることが読み取れる。

この母親による「家庭保育」原則は「三歳まで常時家庭で母親による育児がおこなわれないと、子どもの成長に悪影響を及ぼす」という「三歳児神話」によって強化され、一九六〇年代の第一次池田勇人内閣「人づくり政策」の一環として始まる「三歳児検診」とともに広まった。第5章で詳述するように、厚生省(当時)は一九九八年『厚生白書』で「三歳児神話には、少なくとも合理的な根拠は認められない」と、これを否定した。また、「男女共同参画社会基本法」(二〇〇九年)は男女平等の実現、人権の尊重、個性と能力の発揮を謳い、家族に関しては「家族を構成する男女が、相互の協力と社会の支援の下に、子の養育、家族の介護その他の家庭生活における活動と(中略)、当該活動以外の活動を行う」(第六条)と明記する。しかし、二〇一三年第二次安倍政権の「女性のキャリア支援策」を前提とした育児休業延長策を指して、首相が「三年間抱っこし放題」と発言したように、根強いジェンダー規範がいまだ払拭されていないのもまた事実である。

つぎに、日本の家族政策を財政規模からみると、十分な施策が実施されているとは言い難い。家族関係社会支出の対GDP比(内閣府『平成二十六年版少子化社会対策白書』)を見ると、日本は一・〇四%*15(二〇一一年度)で、イギリス(三・八一%)やフランス(三・二〇%)などのEU諸国と比較すると三割程度と、児童手当や育児休業給付などの現金給付もサービス提供などの現物給付もきわめて小さい。この背景には、家族政策の理念とそれを担う担当部局の曖昧さがある。政府は積極的に「家族政策」という表現を使用してこなかったが、それは、①支援を家族一般ではなく個別支援が必要な特定の対象者に絞って法制化してきたこと、②家族に対する支援が戦前の家族制度の復活を喚起する懸念があること、③育児の第一義的責任は親にあるという意識が強かったことによる（増田［2007］）。

二〇〇〇年代以降、家族政策は少子化対策の枠組みのなかに埋め込まれるが、子どもの養育全般に対する公的な経済的支援には消極的・批判的でありつづけた。子育て全体を国として支援するというよりは、個別の特殊な・困窮した家族への支援という対応を維持してきた。こうした、子育ては家族で女性が担うものというジェンダー・バイアスを前提とした政策や特殊・困窮への支援態勢では、後述する子育て家族モデルの複数化という状況への対応が困難であることが示唆されよう。

⦿——既婚女性の労働力化とジェンダー役割の維持　子育てをとりまく環境②

日本では明治期以降、ジェンダー化した公教育体系とカリキュラムをとおして良妻賢母や母性愛が規範化し、上述のとおり戦後に強固な母性イデオロギーが浸透した。産業社会において、家族は経済社会の変数でもある。日本で近代家族モデルがもっとも一般化したのは高度経済成長期であり、女性労働力率を示すM字型カーブの底は一九七五年にもっとも落ち込む。国民皆婚といわれるほど婚姻率が上昇し、女性たちは母性規範からの逸脱を避けて結婚・出産で一斉に労働市場を退出した。性別役割分業が確立し子ども中心主義となった家族のあり方は「家族の五五年体制」などと呼ばれさえする。

しかしそれはわずか二十年間たらずの現象で、一九七〇年代後半以降の既婚女性の労働力率の上昇は著しく、一九八〇年と二〇一二年を比較すると、二十歳代後半で三一％から五六％に、四十歳代後半では五九％から七二％に上昇している。同じ期間に共働き世帯の割合も四〇％から六三％になり、ジェンダー化した近代家族モデルは速やかに変質していった。ただし、**図I**にみるように、先進諸国のなかでは日本の父親の育児家事時間の少なさと母親がそれに費やす時間の多さは突出しており、共働き家庭では妻たちの仕事と家事・育児の両立によってかろうじて家族役割の均衡が保たれている。

こうして近代の進展に伴い労働市場の要請で既婚女性の労働力率は上昇したが、第一子出産後になお有職でありつづける女性の割合はこの三十年間一貫して、第一子出産女性の二五%前後、出産前就業女性の三八~三九%であり（内閣府『平成二十五年版男女共同参画白書』）、育児と仕事の二者択一を女性に強いる状況は変わっていない。こうした問題は従来「女性」の問題として課題化されてきた。*16 しかし、「女性」には育児・家事を求め、同時に「男性」には育児・家事を顧みずに良質の労働力であるよう求める、分離された二つの長時間労働によってジェンダー役割は維持されてきたのである。ジェンダーの差異は、「女性」だけの問題としては解消しえない男女を貫く労働の問題である。

図I　6歳未満児のいる男女の育児・家事関連時間（2000年代）

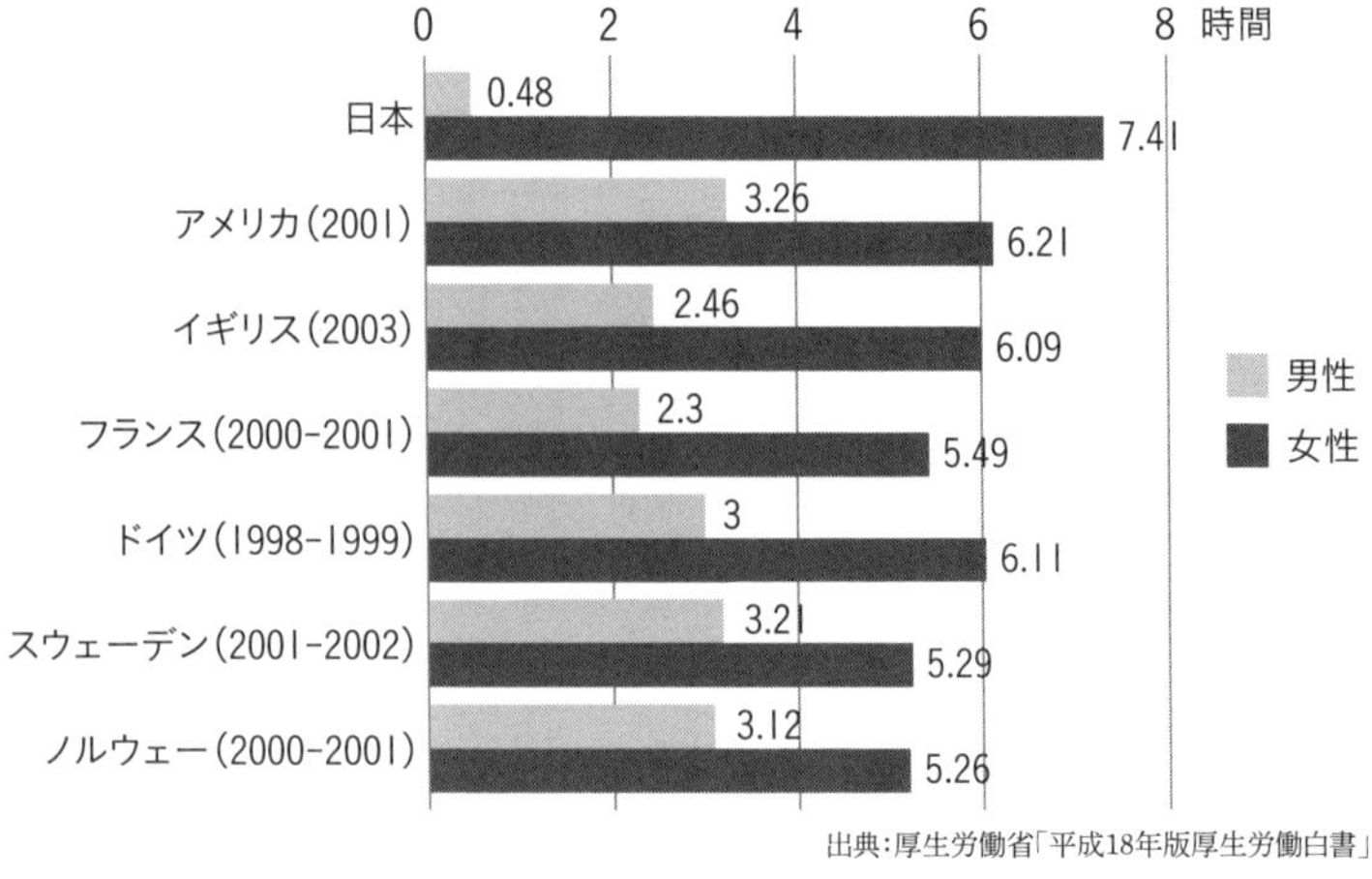

出典：厚生労働省「平成18年版厚生労働白書」

⦿——離婚の増加とひとり親家庭の顕在化

子育てをとりまく環境③

家族におけるジェンダー関係の変化と、離婚に対する不寛容な社会意識の変化は離婚件数と離婚率の上昇をもたらし、パートナーシップの変動は家族における子育ての環境を変容させている。戦後の離婚件数は一九四七年の八万件から二〇〇二年には二十九万件に増加した。離婚率も一九六三年に戦後最低を記録した〇・七三から二〇〇二年には二・三〇（人口千対）に達して明治期以降最高となり、その後も二・〇前後の高い水準で推移している。それに伴いひとり親世帯も増加し一四六・一万世帯にのぼる（厚生労働省「平成二十三年度全国母子世帯等調査」）。いまやひとり親になった理由は男女ともに離婚が大多数となった（**図2**）。また、未婚によるひとり親家庭も母子家庭の一割弱を占める。かつての戦争未亡人による母子家庭というひとり親家庭の意味づけは変化し、子どもを育てる家族モデルは複数

図2　ひとり親世帯になった理由

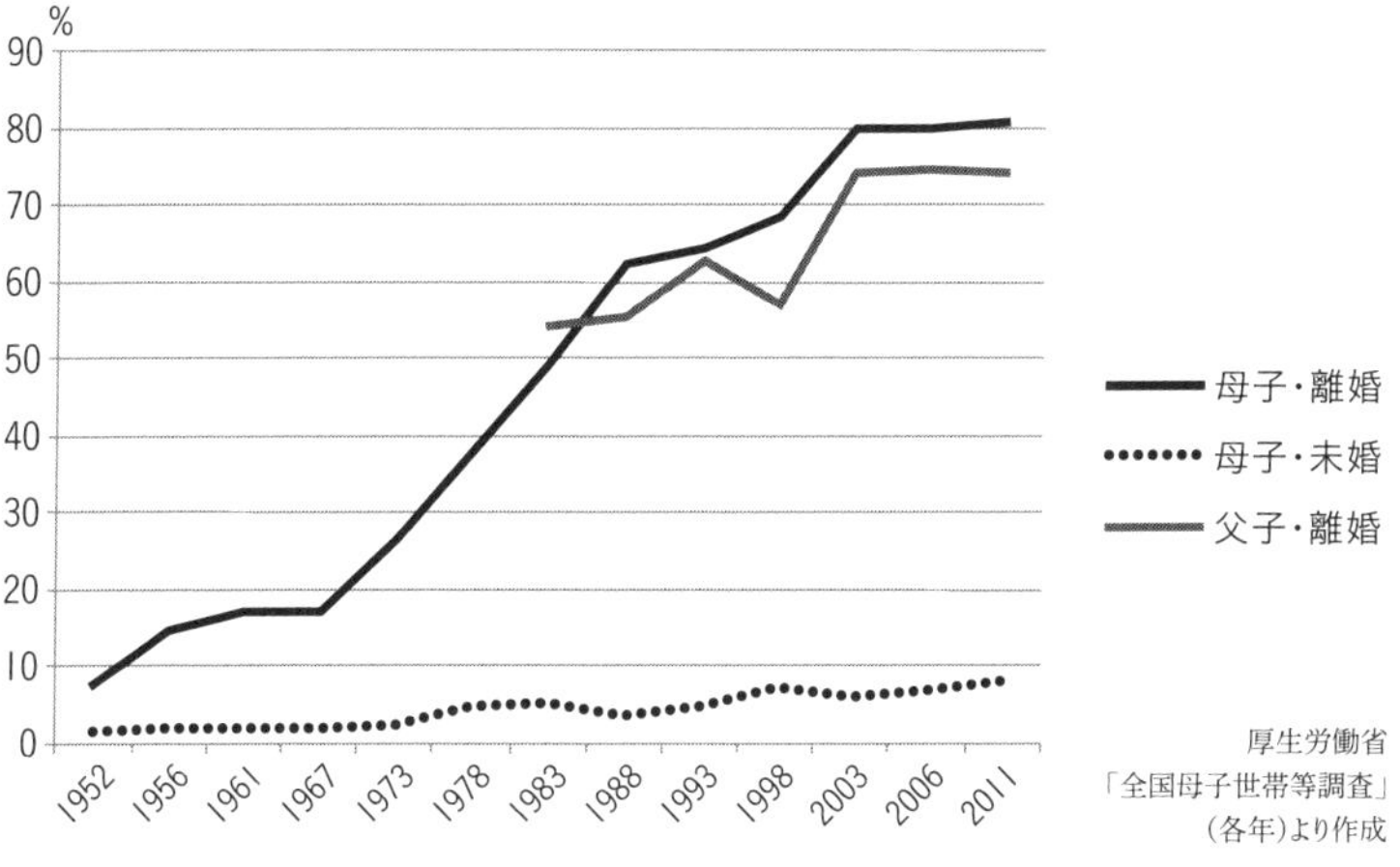

厚生労働省
「全国母子世帯等調査」
（各年）より作成

化した。

以上、子を育てる家族の環境について整理すると、①家族政策においては両親がそろったジェンダー家族を標準とし、子育ては家族で母親が担うという子育て規範は乗り越えられつつあるが、いまだ払拭されているとはいえない。②既婚女性の労働力化と子育てとの両立の不安定性を生むのは、従来いわれてきたような「女性の問題」というよりも、長時間雇用労働と長時間家事育児労働を男女にわりふった労働問題そのものであろう。そして、③離婚・非婚の増加によっても子育て家族モデルは複数化している。このような現況に従来のジェンダー家族モデルや女性向けの両立支援策で対応することの困難が示唆される。

⦿――「父子家庭／母子家庭」カテゴリの序列を超えて

本章では子育てをめぐるジェンダー問題を父子家庭という「男性」視点から問い直す試みから始めた。先にとりあげた『消えたエプロン』はルポ、読者の反響、座談会と複数の側面から父子家庭にアプローチする意欲的な企画であった。その単行本（一九八一年）のプロローグでは「男は仕事、女は家庭という昔ながらの役割固定に対する批判が、主に女性側から高まっている。しかし、考えてみればじつは男もまたその役割固定の被害者ではないのか」と、父子家庭問題をジェンダー役割との関連で問う姿勢を示し、ジェンダー役割は片方の性の問題だけではなく、区分線の両側があることに言及している。

また、全父子連の活動における思考過程をたどると、ひとり親家庭の子育ての困窮は「女性の問題」だけではないという問題構成があった。そこには、従来いわれてきた子育ては「女性」のものであり、子育てを担うゆえに「女性」は社会的経済的マイノリティとなる、というジェンダーカテゴリそのものへの問い直しが含まれている。彼らは子育てをする「男性」であり、その存在がジェンダーカテゴリを糺《ただ》すものであった。それは、父子家庭の子育てが母子家庭の下位に位置づけられたことから生じる、「男性の問題」としての困窮の解決だけを目指したのではなかった。むしろ「女性の問題」のカウンターパワーとして、女性並みの支援を得て格差を是正していくという対症療法的な解決だけでは解消しえないというところに展開された。社会的経済的弱者は女性のはずだ、子育ては母親の役割のはずだ（だから女性・母親を支援すべきである）というジェンダー規範のために、経済的弱者であり子育てをする父子家庭の父親は不可視化され、支援の網から漏れてきたという問題構成である。

「女性／男性」というジェンダー化においては「女性」に「社会的経済的弱者」「子育て」という意味が付与されてきた。ここでは貧窮する「男性」、子育てをする「男性」は、あるはずのないものであった。ジェンダーカテゴリの更新は、貧窮し子育てをする父親たちを主体として意味づけることで可視化し、社会のなかに位置づける作用である。

ジェンダーの議論が「女性の問題」から「男性の問題」を経て一巡したかにみえるが、子育てをめぐって「追加的に主体となる者たち（父子家庭の父）／つねにすでに主体である者たち（母）」の序列が包含する困難を乗り越えるには、さらなるカテゴリと区分線の更新が見出されることになる。すなわち男性であれ女性であれ、親役割を生む「家庭における子育て」を片側におく区分線である。

述べてきたように、家庭における子育ては、長時間の雇用労働に専従し扶養を担う男親と、長時間の家事育児の労働を担う女親の組み合わせによって可能である。だが、女性の雇用労働力化と家族形態の変容と多様化は、この組み合わせによる家庭における子育ての困難を増大させつつある。その現れの一つが本章で検討してきたひとり親家庭、とりわけ父子家庭における子育ての困難であった。子育ては家族が担うという一見自明の、だれも問題視しようともしない認識は、どれほど当然なのか。後期近代においてたとえば「母性」の「自然性」が問い直されたように、近代以降自明視されてきた母親の「家庭における子育て」も、いま問い直されようとしている。次章ではこの「家庭における子育て」の限界を検討する。

●注

＊1　国政レベルで「ひとり親」世帯の定義は定まっていない。「全国母子世帯等調査」（サンプル調査）では「父（母）のいない児童（満二十歳未満の未婚の子ども）がその母（父）によって養育されている世帯と定義し、親など同居親族のある世帯も含む推定数である。「国勢調査」の母子・父子世帯は「未婚、死別又は離別の女（男）親と、その未婚の二十歳未満の子供のみから成る一般世帯」と規定され、実数で示される。

＊2　「NHK福祉ポータル・ハートネット」（2015.11.1取得、http://www2.nhk.or.jp/heart-net/voice/bbs/messagelist.html/index.jsp?topic=330）。

＊3　『朝日新聞』二〇一四年二月二十三日「五歳虐待死、懲役六年六カ月　東京地裁」。

＊4　「日経Dual」二〇一五年十一月二十二日「父子家庭のパパは最後の最後までSOSを出さない」（2015.11.1取得、http://www.nikkei.com/article/DGXMZO81705450Y5A100C1000000/）。

＊5　全父子連は二〇一五年に解散し、新たに設立された「全国父子家庭支援ネットワーク」がその活動を継承している。

＊6　村上吉宣［2009］ブログ「活動してきたものとして…」」、宮城県父子の会代表・村上吉宣（全国父子家庭支援連絡会理事）、二〇〇九年八月二十九日（2015.3.31取得、http://blogs.yahoo.co.jp/mpdcc878/30520308.html）。

＊7　育児をする男性を「父親」ではなくあえて「イクメン」と銘打って「男性の子育て参加や育児休業取得の促進等を目的としたイクメンプロジェクト」が厚生労働省によって二〇一〇年に開始されるなど、「男性」の親にとって育児が特殊視されている状況は顕著である。

＊8　仙台放送[2010]『男として親として――仙台、ある父子の物語』（ドキュメンタリー番組）。

＊9　片山知行、ブログ「二〇一〇年新年所感」ＮＰＯ法人全国父子家庭支援連絡会、二〇一〇年一月三日（2015.7.28取得、http://ameblo.jp/papa-support/entry-10425930548.html）。

＊10　「父子家庭について意識したこと、ありますか?」（二〇一二年五月二十一日「働く人の円卓会議」）働く女性の声を発信するサイト　イー・ウーマン（2015.6.20取得、http://ewoman.jp/entaku/info/id/3165/times/4#chairman）。

＊11　国から法的に夫の「戦死公報」を受けた「戦争未亡人」は、昭和二十四年の「厚生省調査」によれば、戦没者（未帰還者を含む）の妻が約三十七万人、戦災者の妻約十一万二千人、外地引き揚げ者約八万三千人の合計五六・五万人と発表されたが、混乱期のデータであり実数はさらに多いと考えられる（川口[1996]）。

＊12　じっさい「全国母子世帯調査」（一九五二年）によると「母子世帯になった理由」は圧倒的に死別が多く、「死別」八五・一%、「離別」七・六%、「未婚」一・六%だった。

＊13　「死別」の内部も差異化され、夫の死因が「戦死」によるか否かという序列がある。「戦争による国民化」（上野[1998]）を図られた兵士の死は一般の死と区別され、その妻もまた序列の上位に位置づけられる。

＊14　「家族政策」概念の定義はさまざまであるが、ここでは社会保障・福祉の側面から家族のウェル・ビーイングと家族機能の安定のためにおこなわれる政策、なかでも子育てに関するインフラの整備（保育制度・施設等の整備）と子育ての経済的負担への支援に焦点を絞って検討する。

＊15　家族関係社会支出で大きな割合を占めるのは「児童手当」である。政権交代により所得制限なしで普遍主義的な「子ども手当」が支給された二〇一一年度には家族関係社会支出の対ＧＤＰ比は〇・三ポイントほど高かったが、二〇一二年に所得制限が復活する。

＊16　「男女共同参画社会基本法」（二〇〇九年）において男女の平等・人権・能力という文脈におかれたはずの家庭と仕事

の両立は、しかし、「輝く女性応援会議」「すべての女性が輝く社会づくり本部」（ともに二〇一四年、官邸に設置）のような「女性」の労働力化促進と両立推進という施策に変節する。ジェンダー平等の理念は「女性」の就労・両立支援をとおして、経済活性化と少子化対策にすり替えられたかに見える。

●文献

上野千鶴子［1998］『ナショナリズムとジェンダー』青土社

川口恵美子［1996］「戦時から戦後へかけての「戦争未亡人」の生活と意識」『生活學論叢』1: 41-53

中田照子・杉本喜代栄・森田明美編著［2001］『日米のシングルファーザーたち——父子世帯が抱えるジェンダー問題』ミネルヴァ書房

広井多鶴子［2001］「離婚後の子の帰属——明治民法はなぜ親権と監護を分離したか」比較家族史学会『比較家族史研究』15: 69-92

藤原千沙［2010］「ひとり親世帯をめぐる社会階層とジェンダー」木本喜美子・大森真紀・室住眞麻子編『社会政策のなかのジェンダー（講座現代の社会政策4）』明石書店、136-157

細川公夫・小笠原信之・喜多義憲［1981］『消えたエプロン——ルポ父子家庭』大月書店

増田雅暢［2007］「日本の家族支援政策の現状と課題」本澤巳代子／ベルント・フォン・マイデル編『二一世紀の家族を支える日独の総合政策』信山社、253-266

湯澤直美［2013］「ひとり親世帯をめぐる分断の諸相」庄司洋子編『親密性の福祉社会学——ケアが織りなす関係（シリーズ福祉社会学4）』東京大学出版会、69-94

第5章 子育てとはいかなる営みか

——責任・担い手の変容から

丹治恭子

⊙——子育てをめぐる困難

二〇一五年二月、神奈川県厚木市で、「育児への不安」を理由に、母親が幼い二人の娘を殺害する事件が起きた。こういった事件に対しては、「かわいいわが子に手をかけるなんて、考えられない」と母親を非難する声があがることになる。たしかに二〇一〇年代の日本において、親が子どもを殺害するという事件の発生率はひじょうに低く、この事件が多くの人にとっては「考えられない」ものであることは想像に難くない。加えて、殺害の理由が「育児への不安」であることは、この事件をより不可解なものにしているのであろう。

この事件を理解するためには、「育児」という営みそのものに対する見方を転換する必要がある。かつて、一定の年齢に達した女性が結婚をし、妊娠・出産を経て、専業主婦として育児に従事することが一般的なライフコースであった第二次大戦後から高度経済成長期には、家族や地域のつながりに支えられながら、多くの家庭で「普通」に子育てがおこなわれてきた。そのなかでは、母親が「育児の不安」を理由に子どもを殺害することなど、想定されることさえなかった。

しかし、「結婚するか／しないか」「子どもを産むか／産まないか」「子育てをしながら働くか／働かないか」が個人の選択の対象とされるようになった時代においては、かつては自明視された「育児専従者として、母親が子どもを育てること」は自然なことでもあたりまえのものでもなくなった。一九八〇年代後半以降、母親一人の孤独な育児や子育てのストレスは、少子化や虐待の一因にもなりうるものとして社会的に問題視されるようになり、二〇〇七年からは、殺人の動機・原因の分類の一つに「子育ての悩み」が追加されるようにもなっている（法務省法務総合研究所編［2013］）。乳幼児の子育てはときに子どもの命を奪うことがありうるほどの困難な事象であるという認識が、一部では共有されつつあるのである。

そして、子育ての当事者のなかからは、事件を起こした母親に対して同情的な声があがってもいる。乳幼児を育てているある女性は、この事件を受けて、子育ての困難をつぎのように記している。

　容疑者の子供は、六歳と三歳だった。筆者の子供は五歳と二歳。このくらいの年の子を育てる大変さは、同じ母親としてよくわかる。（中略）

子供といると、いつ何が起こるかわからないから、常に神経を張りつめていないといけない。子どもの巻き起こす嵐のなかで、自分自身も頭がおかしくなりそうになる瞬間を何度も経験した。

(中略)

自分で世話をしている人にとって、育児は年中無休で二十四時間勤務の重労働となる(当たり前だが無報酬)。とくに子供が小さいうちは、前述したように気が休まる瞬間がない。好むと好まざるとにかかわらず、長時間の緊張と重い責任を課せられる。残業時間月八十時間が労災認定基準の過労死ラインと言われ、それを超えると「ブラック企業」と名指しされることがあるが、「育児勤務」はそれと肩を並べる苛酷さだと思うことさえある。(PRESIDENT Online［2015］)

育児専従者にとって「育児勤務」は、過労死ラインを超えた重労働であると認識されている。しかし、「母親が子どもを育てること」が自明視されている社会では、その負担の大きさは実際に子育てを担う人以外には共有されづらいものとなっている。先に挙げた子育て中の女性は記事のなかで、「妊産婦に対する嫌がらせを指す〝マタニティハラスメント〟や、家事の負担をおしつける〝家事ハラスメント〟という言葉が話題となっているが、母親ばかりが育児を担うことは問題にすらならない。そのことが問題の深刻さを物語っている」と述べているが、だれもが当然視していることは、疑問に感じることも問題化されることもない。冒頭の事件に対する理解不能という反応、「『育児への不安』は子どもを殺害する理由にはなりえない」という認識は、「(母)親が子どもを育てること」に対する根強い意識と表裏一体の関係にあるのでである。

前章では、主たる稼得者として家庭外で仕事をする「男性」と、家庭内の家事・育児・介護等のケアをおこなう「女性」というジェンダー役割にもとづく「近代家族」像のもとで、「ひとり親家庭」にリスクが集中している状況を描いた。この状況を指して、全国父子家庭支援連絡会の理事・村上が語った「ひとり親になると二人で四十八時間でやっていたことを一人でやらなくてはいけない、二十四時間で」という言葉は、ひとり親家庭の困難を端的に表現していた。だが、先に示した事件の経緯をふまえて、再度この言葉をとらえ直してみると、さらなる状況の深刻さがみえてくる。ひとり親家庭が直面するのは、「二人で四十八時間でやっていたことを一人で二十四時間でやる」という時間の減少・労力の増加だけに留まらない。そもそも乳幼児の「子育て」が二人の人間だけでは十分に遂行することができないような行為であるとすれば、それを一人の人間で請け負うこと自体が不可能に近い。ひとり親家庭の「問題」は、子育てを親の役割へと限定するような認識が、担い手の減少によって表面化し、ひき起こされた事例であるといえる。

なお前章では、こうしたひとり親家庭が生まれた背景として、①「家族政策」、②「女性の労働力化」、③「パートナーシップの変化」といった子育てをとりまく環境の変化を指摘した。この三つの要素はそれぞれ、家族のモデルが単一なものではなくなり（①）、男女による仕事と家事のジェンダー役割が固定化せず（②）、離婚の増加により構成員が変化する（③）、という点で、子育てを担うべきとされる家族自体の変化をとらえたものであった。ただ、子育てという営みそれ自体のありようを理解するためには、家族のみならず、社会的・制度的な子育ての場の役割についても検討する必要がある。

そこで本章では、前章に引きつづき、ケア行為の一つであり、とくに家族の役割が重視される「子育て」という行為の社会的側面に着目し、家庭外の子育ての場である保育施設の役割の変化から子育て観の更新の様態を記述することを通じて、子育てを支えてきた家族制度・社会制度が迎えた「限界」を乗りこえる可能性を探る。

⦿——子育てをとらえる視点

検討に入るまえに、子育てをとらえるための枠組みとして、「子育ては家族が担うべきもの」とする認識について整理しておきたい。

近代において子育ては、親の権利・義務として位置づけられてきたが、[*1] 一九九〇年代以降、とくに親の役割が強調される乳幼児期において、「子育て（育児）の社会化」と呼ばれる現象がみられるようになっている。なお、本章で扱う「子育ての社会化」とは、二〇〇〇年に開始された日本の介護保険制度のように、従来は家族が担うものとされてきた介護・介助・育児といったケアを公的な仕組みによって支えようとする「脱家族化」の流れに位置づくものである。子育ての領域においては、一九九〇年代以降、保育施設における保育時間の延長や保護者の子育てを手助けする「子育て支援」の充実を通じて、子育ての負担を親のみに強いるのではなく、公的・社会的に担っていこうとする動きがみられる。

この「子育ての社会化」において生じているのが、保育現場や子育て支援活動の実践者が経験する、子育てを家族にとどめようとするイデオロギー（子育て私事論）と社会的に担おうとするイデオロギー（「子育ての社会化」論）との狭間での葛藤・ジレンマである（丹治［2011］）。この二つのイデオロギーのせめぎ合いが生じる理由について松木［2013］はつぎのように述べている。

子育てを支援することのジレンマは、「子育て」と「ケアを提供すること」とが等置されたままで、言い換えれば、「親であること」が一元的に捉えられたままで、子どものケアを家族外の領域に移転することによって、ケア提供者が矛盾ある立場に置かれることを意味している。このことを翻せば、「親であること」を多元的なものとして、つまり、親が「ケアを提供すること」とは区別可能なものとして捉えることは、実践的な「育児の再家族化」を行いうる条件を整えることとはまた異なるかたちで、現在の日本社会において「育児の社会化」をスムーズに推進するうえでの一つの道筋を示すものであると考えられる。（松木［2013］240）

従来は、法律上の「親である」立場の人が「ケアを提供する」という行為をすることが当然視されてきたが、そうした「親」という立場と「ケア」という行為を区別せず、ひとまとまりのものとしてとらえることが、子育てを家族外の人びとが担うようになる「子育ての社会化」にともなうジレンマを生みだすものと考えられる。

こうした認識をふまえ本章では、「子育ての社会化」をめぐるイデオロギーを読み解くために、親の子育ての役割を「責任」（井上［2012］）と「（子育てとしておこなわれる行為であるケア・教育の）担い手」の二つの側面からとらえる。なお、子育てにおける「責任」とは、子育てにかかわる選択ならびに選択の結果として生じたとされる事態は、選択権をもつ者（一般的には親）が引きうけるべきである、という考え方のことであり、近代日本においては、親権をもつ立場の者が引きうけるものとされている。そして、選択権をもつ親の依頼を受けて、子どものケア・教育活動を直接おこなう行為者（保育者・子育て支援者等）が子育ての「担い手」となる。この「責任」「担い手」の区分を用いることで、子育ての〈私事性／社会性〉イデオロギーの葛藤・変容状況をより明瞭に描きだすことが可能になる。そこで次節以後は、「責任」「担い手」という二つの視点から子育てをめぐる変容をとらえることとする。

⦿――「担い手」の社会化

前章で述べたように、日本型福祉社会を支えてきた「母性イデオロギー」ならびに「三歳児神話」は、子育ての「責任」も「担い手」もすべて母親一人に背負わせるものであった。[*2] とくに、高度経済成長期には、こうした二つのイデオロギーの強い影響力のもと、保護者の就労支援・児童福祉施設としての保育所に比べ、専業主婦の存在を前提とした幼児教育機関である「幼稚園」が増加する傾向がみられた。この時期の乳幼児の子育てのモデルは、「三歳までは母の手で」育てられ、その後幼稚園への入園、小学校への就学と続くものであり、この一連の流れが広く共有されることとなった。[*3]

しかしその後の社会変化のなかで、子育てにおける「担い手」と「責任」は分離され、「担い手」は社会によって担われるべき、との考えが広まっていく（「担い手」の社会化）。その一方で、子育ての「責任」については、従来どおり家族のものとする眼差しが強化されることとなる（「責任」の私事化）。本節と次節では、それぞれの動きを追うことを通じて、子育てにおける「家族」の役割の限界を提示する。

まず、子育ての「担い手」を家族以外に広げていこうとする「担い手」の社会化の動向をみていく。近代において子育てが、私的領域の内部でおこなわれるものとして不可視化されてきたことは確認してきたとおりであるが、この子育てに対するまなざしを転換する新たな知見を拓いたのがフェミニズム・ジェンダー研究であった。一九七〇年代後半になると、フェミニズムによる「母性」概念や「三歳児神話」の解体が進むとともに、女性の社会進出や多様なライフコースを是認する「個人化」が進行することとなった。

女性の解放と子育ての場の変化

一九七五年の国際婦人年に端を発し、八五年に批准した国際連合「女性差別撤廃条約」、八六年の男女雇用機会均等法施行と、七〇年代後半から八〇年代にかけての日本では「男女平等」を謳う政策がとられた。これらの社会変化を支えたのが、女性イコール母親という図式に異を唱えた第二波フェミニズムであった。「女性学」として一つのかたちを与えられた第二波フェミニズムは、時代や場所によって性別に期待される内容が異なる「性役割」という新しい概念を用いることによって、妊娠・出産・授乳ができるのは女性だけであるという「生理学的宿命論」を否定した。そして、女性が「母性」を備えた存在として構築されてきたこと、ならびにその「母性」こそが女性の自然的性質・本質とされ、妊娠・出産期に限らず生涯を通じて女性を拘束しつづけるものであったことを明らかにした（江原［2009］）。さらに、根拠のない「母性」を「神話」と切り捨て、女性を母親役割から解放することで、社会進出の契機を生みだした。その結果として、母親による子育てを是とする「子育て私事論」は現状に即さないものとなり、家族外の人びとが「担い手」になることも認められるようになった。

たとえば、二歳児以下を対象とする乳児保育は、一九六九年の制度開設当初は経済的事情によりやむをえない場合にのみ実施される例外的な措置とみなされていた。しかし、女性の社会進出が進み、共働きが増加するなかで、乳児保育の要件を緩和する必要が出てきた。「男女雇用機会均等法」制定後の一九八八年の中央児童福祉審議会が出した「今後の保育対策の推進について」には、「経済的社会的事由により保育に欠ける乳児に対して適切な乳児保育が確保できる方策を検討すべき」との見解が示されている。「子育て私事論」は依然として残ってはいたが、徐々に「担い手」の社会化が是認されるようになったといえる。

こうした子育て観の変化は教育政策にもみられる。一九八七年の臨時教育審議会「教育改革に関する第三次答申」には、「乳幼児の子どもの豊かな心や母親の母性を育むため、乳児の保育は可能な限り、家庭において行われることが望ましく、父親の積極的な育児参加と円滑な母子相互作用などを通じて乳幼児とそれを取り巻く人との間に基本的な信頼関係を確立することが重要である」とある。「母親の母性を育む」と記されているように、「母性」の存在を想定したうえでその涵養を図りつつも、「乳児の保育は可、能な限り、家庭において行われることが望まし」いと記述することで、社会的支援の存在を否定しない表現をとっている。このように一九八〇年代は、子育ての「責任」「担い手」を母親・家族へと限定する考え方が残りつつも、部分的な「担い手」の社会化を容認するという揺らぎの時期を迎えていた。

少子化対策としての「子育て支援」

その後、一九九〇年代に入ると、国を挙げた少子化対策が実施されるなかで、「子育ての社会化」を求める論調は急激に加速する。一九九〇年の「一・五七ショック」*4を契機とし、将来的な労働力の不足を国家の危機ととらえるようになった日本社会は、少子化対策として積極的に「子育て支援」に取り組むようになる。具体的には、「子どもを産み育てやすい環境づくり」を謳い、「子育て支援」と称して、子育て世代の社会的・経済的負担の減少に取り組んだのである。そこで重点がおかれたのは、直接給付による経済的支援よりも、幼稚園や保育所、地域子育て支援センターといった施設整備を通じた長時間保育の実施や専業主婦の子育てストレスの軽減策であった。少子化を食い止めるため、子育ての「担い手」の負担を軽減する多様な支援策が講じられたのである。

こうした「担い手」への支援活動に取り組む過程で、厚生省（当時）は「三歳児神話」に関するつぎのような見解を示した。

母親が育児に専念することは歴史的に見て普遍的なものでもないし、たいていの育児は父親（男性）によっても遂行可能である。また、母親と子どもの過度の密着はむしろ弊害を生んでいる、との指摘も強い。欧米の研究でも、母子関係のみの強調は見直され、父親やその他の育児者などの役割にも目が向けられている。三歳児神話には、少なくとも合理的な根拠は認められない。（厚生省［1998］84）

ここでは、子育てに親が専念することが歴史的にみて普遍的なものではないこと、またその「担い手」は母親のみならず父親（男性）でも可能であることを理由に、「三歳児神話」を合理性のない「神話」として否定している。一九六〇年代に政府によって流布された「三歳児神話」は、少子化という新たな政策課題の解決のために、再び政府の手によって打ち消されたことになる。「三

図1　幼稚園・保育所の入園者数と待機児童数*5

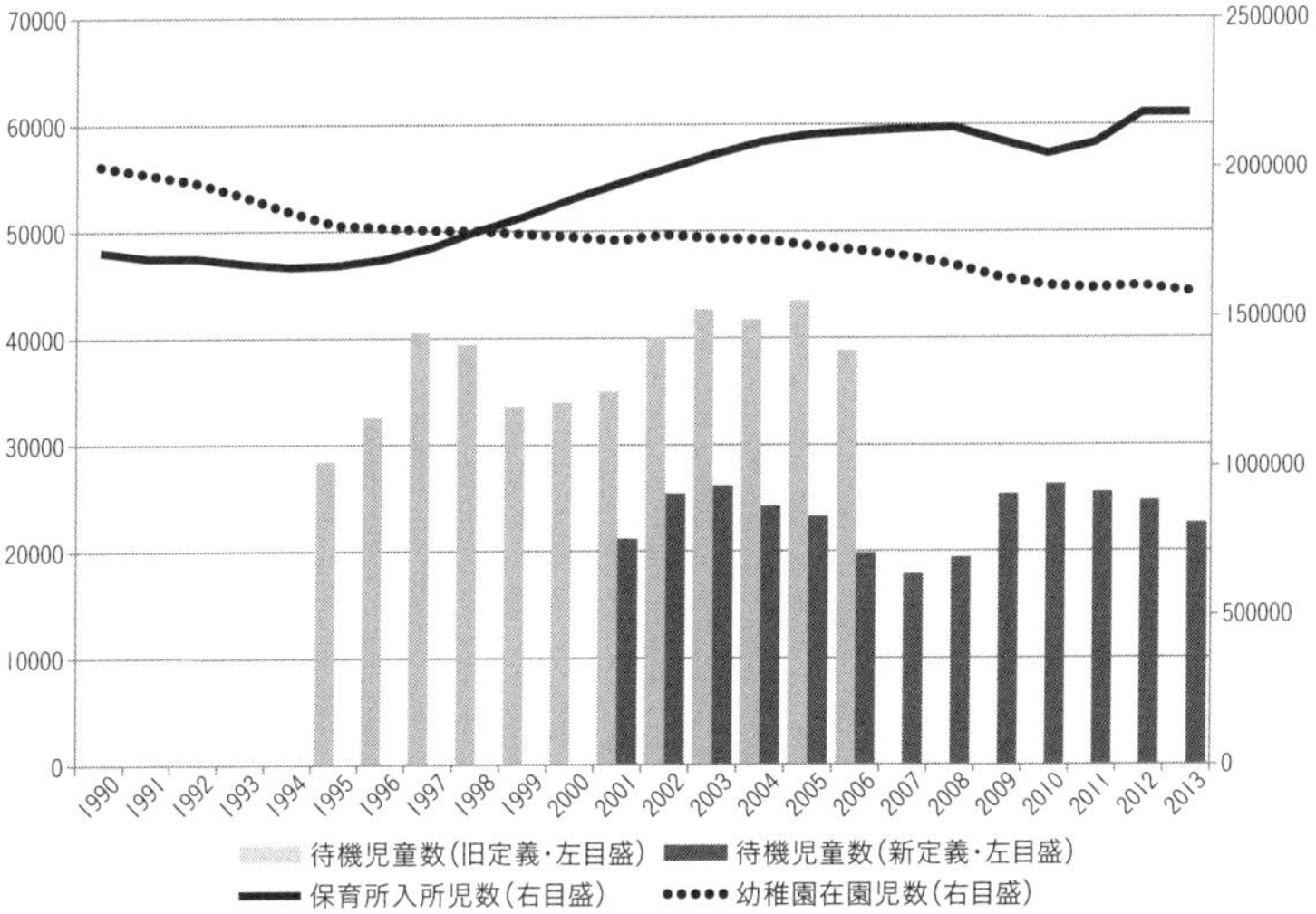

文部科学省「学校基本調査」、厚生労働省「社会福祉施設等調査」、全国保育団体連絡会・保育研究所編『保育白書2012年版』より作成

歳児神話」はまさに、子育て・家族の統制を意図した政府によるマッチポンプであったのである。そして、この「三歳児神話」の否定は、子育ての「担い手」を母親のみに囲い込むイデオロギーを否定することによって、子育てを家族だけに留めず、社会的にひき受けようとする「担い手」の社会化の方向性を公的に示したことになる。

これ以後も、少子化対策としての子育て支援施策の展開によって、子育ての「担い手」を社会化しようとする動きは継続され、そのなかで幼稚園・保育所は変化の時期を迎えた。**図1**に示したように、一九九〇年代以降、専業主婦の家庭を想定した幼稚園の入園者数が減少を続ける一方、少子化の進行するなかでも保育所の入所者数は増加している。さらに、保育所入所者数は増加しつづけているにもかかわらず、保育所への入所を待つ待機児童数は一向に減少していない。一九九〇年代以降、子育ての「担い手」は社会化の一途を辿ったといえる。[*6]

「子ども・子育て支援新制度」にみる家族・保育像

こうした「担い手」の社会化の傾向は、二〇一五年度より創設された「子ども・子育て支援新制度」（以下、「新制度」と表記）における「保育の必要性」の認定対象の条件にも引き継がれている。**図2**に示したように旧制度では、「保育に欠ける」事由を保護者が満たし、かつ同居の親族等が当該児童の世話をすることが不可能であることを証明しない限り、保育所における公的な保育を受けることができなかった。しかし「新制度」では、同居の親族等が当該児童の世話が可能である場合も、その状況を鑑みて「保育の必要性」

が認定され、公的保育を受けることが可能になっている（前田［2014］）。これは、乳幼児の子育ての中心的な「担い手」を同居親族も含めた「家族」から親・保護者へと縮小する代わりに、公的な支援の範囲を拡

図2 「保育に欠ける」事由と「保育の必要性」の事由の内容比較

現行の「保育に欠ける」事由（児童福祉法施行令27条）

○以下のいずれかの事由に該当し、かつ、同居の親族その他の者が当該児童を保育することができないと認められること

①昼間労働することを常態としていること（就労）
②妊娠中であるか又は出産後間がないこと（妊娠、出産）
③疾病にかかり、若しくは負傷し、又は精神若しくは身体に障害を有していること（保護者の疾病、障害）
④同居の親族を常時介護していること（同居親族の介護）
⑤震災、風水害、火災その他の災害の復旧に当たっていること（災害復旧）
⑥前各号に類する状態にあること（その他）

新制度における「保育の必要性」の事由

○以下のいずれかの事由に該当すること
※同居の親族その他の者が当該児童を保育することができる場合、その優先度を調整することが可能

①就労　・フルタイムのほか、パートタイム、夜間など基本的にすべての就労に対応（一時預かりで対応可能な短時間の就労は除く）　・居宅内の労働（自営業、在宅勤務等）を含む
②妊娠、出産
③保護者の疾病、障害
④同居又は長期入院等している親族の介護・看護　・兄弟姉妹の小児慢性疾患にともなう看護など、同居又は長期入院・入所している親族の常時の介護、看護
⑤災害復旧
⑥求職活動　・起業準備を含む
⑦就学　・職業訓練校等における職業訓練を含む
⑧虐待やDVのおそれがあること
⑨育児休業取得時に、すでに保育を利用している子どもがいて継続利用が必要であること
⑩その他、上記に類する状態として市町村が認める場合

内閣府「保育の必要性の認定について」第十一回子ども・子育て会議（二〇一四年一月十五日）配布資料より抜粋　注：傍線は引用者

大する動きとみることができる。

加えて、「保育の必要性」認定のさいには、かつては「保育に欠ける」事由として認められてこなかったパートタイムや夜間の就労、求職活動や就学、虐待の可能性も事由に含まれた。さらに、「育児休業取得時に、すでに保育を利用している子どもがいて継続利用が必要であること」も事由に含むことで、子育て当事者の経験やニーズをふまえつつ、「担い手」の社会化を促すものとなっている。

また、保育料についても、従来、保育所は保護者の就労支援・児童福祉の観点から「応能負担」方式が採られており、幼稚園は保護者の希望にもとづく教育施設という位置づけから、家計の状況にかかわらず一律の保育料を徴収する「応益負担」方式をとってきた。[*7] しかし、「新制度」においては、(一部の私立幼稚園を除いた) すべての幼稚園・保育所・「認定こども園」の保育料が、家庭の所得に応じて負担額が変わる「応能負担」方式に変更された。ここには、子育ての「担い手」の社会化をよりいっそう進める方向性が示されている。[*8]

⦿――「責任」の私事化

少子化対策実施以後、子育ての「担い手」の社会化が進行する一方で、「責任」については、私事性が強調されるようになる (広井 [2010])。**表1**は、一九九〇年代以降の子育て関連施策における子育て「責任」に関する文言を抜粋したものである。

たとえば、少子化対策が本格的に開始された一九九四年の「今後の子育て支援のための施策の基本的方向について」では、その施策の主旨として「家庭における子育てが基本」との認識が示されており、従来どおり子育て「責任」が家族にあることを確認している。さらに、これ以後の少子化対策・子育て支

表1　子育て関係法令・施策にみる子育て「責任」

今後の子育て支援のための施策の基本的方向について（一九九四年）	3．子育て支援のための施策の趣旨及び基本的視点 [2]今後とも家庭における子育てが基本であるが、家庭における子育てを支えるため、国、地方公共団体、地域、企業、学校、社会教育施設、児童福祉施設、医療機関などあらゆる社会の構成メンバーが協力していくシステムを構築すること。
少子化社会対策基本法（二〇〇三年）	第二条　少子化に対処するための施策は、父母その他の保護者が子育てについての第一義的責任を有するとの認識の下に、国民の意識の変化、生活様式の多様化等に十分留意しつつ、男女共同参画社会の形成とあいまって、家庭や子育てに夢を持ち、かつ、次代の社会を担う子どもを安心して生み、育てることができる環境を整備することを旨として講ぜられなければならない。
次世代育成支援対策推進法（二〇〇三年）	第三条　次世代育成支援対策は、父母その他の保護者が子育てについての第一義的責任を有するという基本的認識の下に、家庭その他の場において、子育ての意義についての理解が深められ、かつ、子育てにともなう喜びが実感されるように配慮して行わなければならない。
教育基本法（二〇〇六年）	第十条　父母その他の保護者は、子の教育について第一義的責任を有するものであって、生活のために必要な習慣を身に付けさせるとともに、自立心を育成し、心身の調和のとれた発達を図るよう努めるものとする。
子ども・子育て支援法（二〇一二年）	第二条　子ども・子育て支援は、父母その他の保護者が子育てについての第一義的責任を有するという基本的認識の下に、家庭、学校、地域、職域その他の社会のあらゆる分野における全ての構成員が、各々の役割を果たすとともに、相互に協力して行われなければならない。

注：傍線は引用者

援関連法令、ならびに教育基本法では、「保護者が子育てについての第一義的責任を有する」ことがくり返し強調される。少子化社会対策基本法、次世代育成支援対策基本法、子ども・子育て支援法はいずれも効果的な子育て支援策を講じるために制定されたものであるが、これらの法令の文言からは、「担い手」については積極的な社会化の方向を指し示すものの、「責任」については社会化しない姿勢が読みとれる。一九九〇年代以降に進行したとされる「子育ての社会化」は、子育ての「担い手」の外部化であって、「責任」主体を家族とするまなざしはむしろ強化されているといえる。

⦿——後期近代における子育て制度の「限界」と「更新」

女性の社会進出や非婚化、少子化の進行のもとで、従来子育てを担ってきた「近代家族」や保育制度はその変化に対応できず、行き詰まりの時期を迎えている。そして、この限界のなかで新たな選択肢として生まれたのが、「新制度」であった。この「新制度」の姿からは、従来の子育て「責任」「担い手」主体をめぐる変化の兆しが読みとれる。

その一つが、「新制度」における子どもの位置づけである。先述したように、旧制度では、認可保育所に入所するためには「保育に欠ける」いずれかの事由に該当することが必要であり、家族または同居の親族による子育てが不可能な場合のみ入所が認められるとされてきた。

一方、「新制度」においては、幼稚園（教育）・保育所（ケア）の両機能を併せもつ認定こども園・幼稚園（一部の私立幼稚園を除く）・保育所に入所するさいには、すべての子どもが「保育の必要性」の認定を受けることになる。この「保育の必要性」認定の仕組みは、当事者のニーズによって介護度を判定する「介護保険制度」をモデルとした事業であるといわれている。つまり、「新制度」における保育の当事者は子どもであり、子どもにとっての保育の必要度が保育実施の基準となっているのである。

従来は、親が世話をすることができる／できないという、保護者側の事情だけが「幼稚園／保育所」を選ぶ際の基準とされてきた。「新制度」においても保護者の状況が保育実施の基準として用いられてはいるが、それに加えて、子育てにおけるもう一人の重要な当事者・主役である「子ども」の視点を取りいれた制度設計がなされたことは、子育て「責任」の「担い手」を親だけのものとする考え方の変化の端緒ともとらえられる。

また、「新制度」とともに導入された「改正こども園法」にも、子育ての「責任」「担い手」に関して同様の傾向がみられる。二〇〇六年に制定された旧「こども園法」の目的（第一条）には、「我が国における急速な少子化の進行並びに家庭及び地域を取り巻く環境の変化に伴い小学校就学前の子どもの教育及び保育に対する需要が多様なものとなっていることにかんがみ……」と謳われており、認定こども園の設立の理由・背景が、少子化のみならず社会環境の変化にともなう「(保護者の）子育てニーズ」の多様化であったことが記されている。

一方、二〇一二年改正の「こども園法」においては、同様の理由・背景が掲げられてはいるものの、冒頭に「この法律は、幼児期の教育及び保育が生涯にわたる人格形成の基礎を培う重要なものである」との文言が加えられることによって、子どもの育ちが設立の理由として明示されることとなった。保護者に対する子育て支援のみならず、「子ども」の育ちが制度の存立基盤として提示されたことを、公的制度によって子育てを担おうとする意志の表明と解釈すれば、従来の「子育て私事論」の問い直しの可能性もわずかながら読みとることができる。

⊙——子育ての「当事者」をめぐって

本章でみてきたように、一九七〇年代以降、子育てに関するイデオロギーは、「責任」「担い手」の両側面において変化を遂げてきた。高度経済成長期には、「母性」神話のもと、「責任」「担い手」が一括して母親に付託され、その役割の重要性が強調された。その後、フェミニズム・ジェンダー研究の後押しを受けた女性の社会進出や家族の多様化、少子化の進行といった社会変化のなかで、少子化対策として子育ての「担い手」は社会化される一方、子育ての「責任」は変わらず家族にあることがくり返し強調された。

こうした変化のなかで、子育てを支えてきた家族制度や保育制度は、従来の姿による対応の「限界」を迎え、更新を余儀なくされている。本章ではその一つの現れとして「新制度」をとりあげ、従来の親の「責任」「担い手」の〈私事性／社会性〉の変化の可能性の萌芽を記述した。具体的には、「新制度」においては、「子ども」という存在への着目を契機として、子育ての「責任」をめぐる〈私事性／社会性〉の揺らぎ、ならびに保育施設の果たす役割の拡大傾向がみてとれた。

最後に、更新後になお残される課題を述べておく。それは、子育ての「責任」にかかわる部分である。「新制度」では、パートタイマーの職に就く保護者を対象とした短時間保育児とフルタイム労働をする保護者を対象とした長時間保育児に分類するという新たな仕組みが導入されたが、この「短/長時間」の基準を検討する過程で、「親の就労時間に合った保育を保障するのは何時間かということと、子どもにとっての最適な保育時間や保育所での過ごし方や生活サイクルはどうあるべきかということ」(前田［2014］45) が議論されたという。この論点を換言すれば、社会が保障すべき支援の対象者はだれ(子ども/保護者)であり、その目的は何(就労保障/子どもの育ち)であるのか、という子育てをめぐる根源的な問いとなる。「新制度」における「保育の必要性」の認定が高齢者をケアする介護保険制度をモデルとしたものであることはすでに述べたが、介護保険制度における要介護度の認定は、家族の事情ではなく、あくまでも「当事者」の状態によって判断されるものである。翻って、「新制度」における「保育の必要性」の認定は、保護者の状況を基準に判断されており、介護保険と同様に子育てにおいても、「当事者」である子どもの発達や疾病、アレルギーにもとづいて「認定」や支援を提供する仕組み(中西・上野［2003］)を導入することは、いまだ机上の空論でしかない。

それでは、子どもを「当事者」としてみなすことはいかにして可能だろうか。この「当事者」概念については、「障害学」において、すでにさまざまな考究がなされている。一定の特性をもつ心身を抱えた「主体」やその「主体性」をどのようにとらえ、また、当人の意思をどのように汲むのか。「子ども」を含め、支援を必要とする無力な存在とみなされてきた人びとが、いかに「当事者・主体」へと更新されうるのか。こうしたケアを必要とする人びとをめぐるカテゴリの変容可能性については、次章にて描出される。

●注

＊1　戦後日本の子育てに関する権利は、民法の第八一八条の1に「成年に達しない子は、父母の親権に服する」を根拠とし、親の権利・義務として、「親権を行う者は……子の監護及び教育をする権利を有し、義務を負う（第八二〇条）」と定められている。なお、明治民法では婚姻中も父親が単独親権を行うことが定められていたが、第八一八条の3に「親権は、父母の婚姻中は、（父母が共同して行う」と示されているように、婚姻関係のなかでは共同親権が認められている。

＊2　一九六一年に厚生省児童局長より出された通達には、保育所の入所措置が決定する基準（「保育に欠ける」要件）として、①母親が居宅外で労働する場合、②母親が居宅内で労働する場合、③母親のいない家庭、④母親の出産・疾病等の場合、⑤母親が病人等の看護に従事している場合、との項目が挙げられている。児童福祉施設であると同時に保護者の就労支援施設である保育所への入所には、母親による家庭での保育が欠けていることがその条件とされた。この基準からも、子育ての「責任」「担い手」が母親のみに期待されていたことが読みとれる。

＊3　「三歳までは母の手で」を謳う「三歳児神話」は、三歳以降は幼稚園に子どもを託すことを正当化することによって、家庭から幼稚園・学校への円滑な接続を生みだす。この「三歳児神話」は、義務教育では手の届かない就学前教育以前の親と子ども達を管理する一つの手段であり、その背景には、国の資産や未来の労働力である子どもを、幼い段階から管理しようとする意図が存在していた（小沢［1989］）。

＊4　一・五七ショックとは、一九八九年の合計特殊出生率（一人の女性が生涯に産む子どもの平均数）が一・五七となり、「ひのえうま」（特殊な要因により過去最低の数値を示した一九六六年）の合計特殊出生率一・五八を下回ったことが判明したときの社会的衝撃を指している。

＊5　厚生労働省の待機児童の定義変更により、二〇〇一年より「新定義」、それ以前を「旧定義」で表示している。「新定義」では、①（通所距離が遠いなどの理由により）他に入所可能な保育所があるにもかかわらず、特定の保育所を希望して待機している場合、②認可保育所へ入所希望していても、自治体の単独施策（認可外保育施設や保育ママ等）によって対応している場合を待機児童数から除いている。「新定義」を使用することで見かけ上の待機児童数は減少した。なお、二〇〇七年以降は、旧定義の数値は公表されていない。

＊6　子育て状況の変化は、両施設の入園者数のみならず、機能面の変化も促した。この時期、幼稚園は預かり保育というかたちで保育所の「保育（ケア）」機能を果たすようになり、幼稚園・保育所がともに、入園児・入所児以外の子育て家庭に対する支援活動を担うようになったのである。こうした変化によって、幼稚園・保育所が機能的な歩み寄りをみせることとなり、いわば実質的な「幼保一元化」状況が進行していた（丹治［2006］）。この動きは、二〇〇〇年代以降の認定こども園制度、子ども・子育て支援新制度の導入にも結びつく動きであったといえる。

＊7　幼稚園入園者に対しては、保護者の所得状況に応じて経済的負担を軽減することを目的として、「幼稚園就園奨励費補助事業」がおこなわれてきた。これは各家庭の家計の状況に合わせ、保育料の一部にあたる金額を支給する仕組みである。

＊8　ただ、「新制度」の園において、従来幼稚園でおこなわれてきた教育課程終了時間後に、園の施設等を利用しておこなうオプション保育（英語教室や体操教室などの習い事）を実施した場合は、利用者から保育料以外に別途徴収することが認められた。この点については、「保育の平等性」の観点から問題が指摘されている。

●文献

井上寿美［2012］「子育ての社会化における親による養育責任――子育てに関する責任の所在と担われ方の検討をとおして」関西福祉大学社会福祉学部研究会『関西福祉大学社会福祉学部研究紀要』16(1): 29-35

江原由美子［2009］「制度としての母性」天野正子・伊藤るり・井上輝子・伊藤公雄・斎藤美奈子・上野千鶴子編『母性（新編 日本のフェミニズム５）』岩波書店、1-31

小沢牧子［1989］「乳幼児政策と母子関係心理学――つくられる母性意識の点検を軸に」前掲『母性（新編 日本のフェミニズム５）』岩波書店、74-96

厚生省監修［1998］『厚生白書〈平成十年版〉少子社会を考える――子どもを産み育てることに「夢」を持てる社会を』ぎょうせい

丹治恭子［2006］「幼稚園・保育所の機能拡大と幼保一元化――機関を対象とした質問紙調査の結果をもとに」『保育学研究』

44(2): 114-125
——[2011]「「子育ての社会化」をめぐる葛藤」岡本智周・田中統治編著『共生と希望の教育学』筑波大学出版会、121-131
中西正司・上野千鶴子[2003]『当事者主権』岩波書店
広井多鶴子[2010]「少子化と『家庭の教育力』——少子化は子どもの成長にとって問題か」広井多鶴子・小玉亮子『現代の親子問題——なぜ親と子が「問題」なのか』日本図書センター、129-194
法務省法務総合研究所編[2013]「無差別殺傷事犯に関する研究」
前田正子[2014]『みんなでつくる子ども・子育て支援新制度』ミネルヴァ書房
松木洋人[2013]『子育て支援の社会学——社会化のジレンマと家族の変容』新泉社
PRESIDENT Online[2015]「子に殺意「育児＝ブラック企業勤務」論は言い訳か」(2015.4.22取得、http://president.jp/articles/-/15061)

第6章

障害者権利条約からみた新たな意思決定支援

麦倉泰子

◉——「ニーズの主体であること」と自己決定

ここまで、父子家庭や子育てをおこなう母親たちといったおもにケアの責任を担う側の人たちが経験する困難が描かれてきた。この章でとりあげるのは、これまで「ケアの受け手」としての立場におかれることの多かった障害のある人たちの困難である。

ケアを受ける立場にある人が、ケアをめぐる関係性をコントロールする権利、すなわちケアに対する自律の権利を有するべきだとする主張は、日本においては「当事者主権」（中西・上野［2003］）という言葉とともによく知られるようになった。中西正司と上野千鶴子はそれぞれ日本の障害者運動とフェミニズムを支えてきた立場から、「当事者主権」という考え方についてつぎのように説明している。『わたしのニーズはわたしがいちばんよく知っている』、だから私のニーズがいつ、いかに、誰によって、どのように満たされるべきかは私自身が決める」（上野・中西編［2008］22）。ニーズの中身を決めるのは、ほかでもないニーズを抱えた本人自身であるべきだとする主張である。このように言わなければならない「ニーズの主体であることの困難」の背景には、当事者がつねに「社会的弱者」とされてきた歴史がある。

一九七〇年代ごろからイギリスや北米において障害のある人たちによって展開されてきた運動のなかで、ある人にとって何が必要かを考えるときに、医療やリハビリテーションの専門家の意見や家族の希望ではなく、なによりも本人の意思が尊重されるべきだとする考え方が示されるようになった。この主張は「障害学」と呼ばれる学問として理論化され、理論が運動の推進力をさらに強める働きをしながら相補的に発展してきた。

障害学では「そもそも障害のある人たちの意思が尊重されない状況はなぜ生みだされたのか」という問題が徹底的に議論されてきた。障害のある人たちはなぜ「ケアの受け手」としての立場に固定化されてしまったのか。その要因は複数指摘されている。その一つが、生産性や効率性を追求する近代の労働市場から排除されることによって「自立」に必要な経済的な基盤を失ってしまったことである。さらに、排除されたあとに向かわされる先である病院やリハビリテーション施設において、長期にわたって治療や訓練の専門家と接するなかで、「命令する／される」という非対称的な関係が固定化してしまうことも大きな要因だと論じられた。また小説やテレビといったメディアをとおして、障害のある人たちは「能力の劣った・

不幸な存在」であるというイメージが定着することの文化的な影響も見逃すことができない。結果として、障害のある人が「自分のことを自分で決めることができない存在である」ことは自明であると、社会の多くの人が考えるようになった。このプロセスは「無力化の政治 the politics of disablement」と呼ばれる（Oliver［1990］＝［2006］）。

この無力化の過程を覆し、社会の責任においてあらゆる領域において障害のある人の参加を阻む社会的な障壁の除去を実現する必要があることが、運動と学問、それぞれの分野で主張されてきた。その成果は、各国における差別禁止法や、障害のある人本人がサービスの代わりに現金を受けとり自らの介助者を雇用することを可能にする欧米のダイレクト・ペイメントの成立や、二〇〇六年に国連で採択された障害のある人の固有の尊厳ならびに個人の自律と自立の尊重を理念とする障害者権利条約として現れた。

とはいえ、権利条約が採択されたことによって即座に自己決定をめぐる課題が解消されるわけではない。そもそも、「障害のない人」にとっても、何かを決定するという行為はけっして簡単なことではない。決定とは情報を集め、比較し、いくつかの選択肢のなかから一つを選び、周りの人に伝えるという一連の行為からなる複雑なプロセスを指す。社会の仕組みが複雑になり情報量も飛躍的に増加しつつある現代社会において、個人が「ある物事を決めること」は以前よりも難しいものになっている。また、悪意のある第三者によって都合のよいように利用されたり、詐欺などの被害にあう可能性も排除できない。決定の各段階において困難を抱える知的な障害のある人、精神的な障害のある人の自己決定をどうやって支えていくのかという問題は、権利として明確に位置づけられたことによっていっそう重要な課題として立ち現れてきたともいえるだろう。

この地点に至って、ケアを受ける側の立場から提示されつづけてきた「自己決定」というテーマは、ケアをおこなう側、すなわち支援者と、決定をおこなう当事者との相互行為のレベルにおいて、検討すべき課題としてあらためて位置づけられたといえる。この章で焦点をあてる社会的カテゴリの更新とは、こうした「自己決定」の内実と関係性の変化をめぐるものである。

⊙——意思主義と保護

まずは決定における「意思」の問題から見ていきたい。自己決定することの前提には意思を持ち、表明することができる能力があること、すなわち「意思能力」の存在が想定されている。自らの意思にもとづかずに自由を奪われたり義務を課せられたりすることはないという意思の自由の保障である。これを「意思主義」の原則と呼ぶ。

この「意思主義」の原則は、自らが得る利益と損害について理解できない場合にまでその責任を本人に課すものではないという裏面の原則をともなうものでもある（池原［2010］183）。この裏面の原則は、意思能力の否定もしくは制限によって、「意思能力のないもの」が自らに不利益な意思決定をおこなうことによって生じる望ましくない結果から本人を「保護」するという機能を果たすことになった。

ところが同時に「意思能力のないもの」というカテゴリに含まれることになった人びとは、「保護」の名のもとにあらゆる場面で自ら物事を決める機会を制限されることとなった。この制限は、決定の内容を本人が理解しているのかという疑義や、あるいは、その意思決定の結果が本人のためになっていないのではないかという懸念（パターナリズム）によっておこなわれた。[*1]

このような「保護」のあり方は、近年になって障害のある人の権利についての意識が向上するにつれて批判の対象となってきた。知的障害のある人の大規模入所施設での生活状況の劣悪さに対する批判として現れてきたノーマライゼーション思想の普及や、前述した生活における自立を求める障害者運動の拡大にともなって、選択、コントロールの根本である「意思」そのものについても問い直す声があがるのは当然の流れであった。すなわち意思主義こそが、とくに知的障害・精神障害のある人の社会への参加や生活における自律を妨げ、無力化する「障壁」となっていること、「保護」とはすなわち排除の構造である、とする批判である。

⦿——障害者権利条約第十二条のインパクト

このように近代社会における意思主義と保護のあり方は、障害のある人の自己決定を無力化する構造を内包するものであった。障害者権利条約第十二条は、この無力化の構造を「法律の前の平等」の視点から問い直し、あらゆる障害のある人が法的能力の行使において差別されることのない新たな意思決定の仕組みを構築することを求めるものである。

権利条約では、第一条において、この条約がすべての障害者によるあらゆる人権および基本的自由の完全かつ平等な享有を確保することを目指すものであることが示されている。人権および基本的自由を確保するという目的を達成するためには、リハビリテーションや訓練といった障害者個人の努力ではなく、社会的な障壁を解消するための「合理的配慮」が締約国に対して求められることになる（第二条）。ここでは、障害が個人の医学的な機能障害によって生じるもの（「医学モデル」）ではなく、社会的な障壁の存在によって生みだされるものであるとする「社会モデル」の考え方が明示されている（川島［2015］62）。

この原則を受けて、第十二条では締約国が「障害者が生活のあらゆる側面において他の者と平等に法的能力を享有することを認める」（同条2項）と定められている。この条文は締約国に対して、障害のある人の法的能力の行使が制限されることのないよう法律のあらゆる領域を検討することを求めるものである。さらに「その法的能力の行使にあたって、必要とする支援を利用することができるようにするための適当な措置をとる」（同条3項）ことを合理的配慮としておこなうことを求めている。

長年、権利擁護活動をおこなってきた弁護士としての立場から、池原毅和は第十二条3項の「法的能力の行使の場面における合理的配慮」について、障害のある人の自己決定に「支援を受けた自己決定」という新しい概念を組み込むというパラダイムシフトを宣言した規定として理解すべきだとしている（池原［2010］189）。この「支援を受けた自己決定 supported decision making」という考え方は、特定の種類の意思決定が困難な場合、信頼のおける支援者から援助を受けることによって、その困難さ＝障壁を除去することができるという新しい法的能力の行使の形態を指し示すものである。

この「支援を受けた自己決定」という概念の出現は、「自己決定」の内実と関係性が、単独で遂行する行為から、その人を支える周囲の人たちとのやりとりを通じて、ときには行きつ戻りつしながらも、あくまでもその人の「希望」を中心として実現されていく共同行為へと更新されたことを示すものである。

さらに、この自己決定概念の更新は、自己決定の源である意思能力の定義にも更新をもたらすものである。単独でおこなわれる自己決定を前提とするならば、個人の意思能力についての医学的な鑑定をベースとする定義がおこなわれることになるが、他者との共同行為を通じておこなわれる自己決定を想定するのであれば、「ある人が意思決定をおこなうさいに他者からどの程度の支援を必要とするのか」という意思決定にさいしての障壁の大きさに焦点をあてた定義になるはずである。これが上述する「パラダイムシフト」が意味することであり、意思能力の定義における医学モデルから、社会モデルへの移行を示すものである。

⦿――支援を受けた自己決定

ところが、法的能力の平等な享有、そして既存の自己決定のあり方に障害のある人を包摂していこうとしたときに必要とされる合理的配慮、すなわち「支援を受けた自己決定」をおこなうことの具体的な内容は、締約国のあいだでいまなお正確に理解されていないことが指摘されている。権利条約が締約国の条約履行の促進と監視のために第三十四条において設置する障害者権利委員会は、二〇一四年におこなわれた第十一回会期において、五十二の項目からなる「法律の前の平等（十二条）に関する一般的意見」（第一号）を採択した（障害者権利委員会［2014］）。そこではあらためて「人権に基づく障害モデルが、代理人による意思決定のパラダイムから、支援付き意思決定に基づくパラダイムへの移行を意味する」（3項）ことが明言されている。さらにこのパラダイムを担保するために締約国に対して「代理人による意思決定制度の廃止と、支援付き意思決定による代替策の開発の両方が義務付けられている」(28項)(傍線は引用者、以下同)ことが明確に述べられている。

日本には、前者の「代理人による意思決定制度」としては成年後見制度が存在している。代理人による代行決定の問題についてはこれまでも批判がおこなわれ、成年後見制度の改正も含めた議論がなされているところであるが、「支援を受けた自己決定」へと移行するためには何が必要とされるのか、以下の部分であらためて確認しておきたい。

また後者の「支援付き意思決定による代替策の開発」については、障害者総合支援法のなかで今後の「検討規定」として「障害者の意思決定支援の在り方」(附則第三条)が掲げられたところであるが[*2]、その内容はいまだに十分に具体化されているとは言いがたい。

さらに根本的な問題として、権利条約において意思決定支援として求められている内容は、これまでの相談支援のあり方とは異なるものであるにもかかわらず、その違いが十分に認識されていない点があげられる。この二つの課題について順を追って検討してみたい。

⦿——成年後見制度　代理人による意思決定制度の問題

まずは、障害者権利委員会の報告書のなかで「代理人による意思決定」であるとされる成年後見制度についてみてみたい。

現在の成年後見制度は、明治時代に制定された民法において、精神上の障害を抱える人が家の財産を管理することを制限する禁治産・準禁治産制度に代わるものとしてつくられ、二〇〇〇年四月に施行された。禁治産・準禁治産制度は、広範囲な資格制限をともない、その事実が戸籍に記載されることから社会的偏見を招く可能性があった。また、制度を利用するための手続きが時間と費用のかかる形式になっていたことや、判断能力の程度や保護の必要性が多様であるにもかかわらず、類型が二つだけであって硬直的であることが問題視され、時代に合わせた改正が必要であるとされた。このような観点から、自己決定の尊重、残存能力の活用、ノーマライゼーションという新しい理念と本人保護との調和をはかることを目的に掲げた新しい成年後見制度が施行された（赤沼［2014］22)。新しい制度のもとでは成年後見人等の職務をおこなうにあたって、財産管理に加えて、本人の身上配慮義務（「心身の状態及び生活の状況を配慮しなければならない」）が明示された。本人の意思の尊重が掲げられたのも、この新たな理念を表すものであるとされる。

成年後見制度は、本人の保護および支援の内容が法律とそれにもとづく家庭裁判所の審判によって決められる法定後見制度と、契約締結に必要な判断能力を有しているあいだに自己の後見の内容を任意の後見人に託す任意後見制度に分けられる。法定後見制度においては、保護の必要性と判断能力の程度に応じて、制限の範囲の広いほうから順に、後見、保佐、補助の三類型が適用されることになる。日本においてはとくに、法的能力の行使に対する制限がもっとも広い後見類型の利用が圧倒的に多いことが問題視されている（新井［2014］3)。また諸外国の後見人制度をみたときに、このような三類型からなる多元的制度をとる国ばかりではなく、補助に該当する一元的制度のみで、個々人の状況に応じて支援の内容も決定されるという国も多いことが指摘されている（赤沼［2014］23）。

⦿――判断能力のとらえ方の新しいパラダイム

日本の成年後見制度研究の第一人者である新井誠は、権利条約の観点から成年後見制度における能力のとらえ方について検証をおこない、個人の能力を「ある」か「ない」かのいずれかで考える二元論ではなく、能力が十分に高い状態からきわめて不足した状態までグラデーションを構成する連続体として見ることが必要であると指摘している（新井［2012］21）。能力そのものでなく、必要とする支援の量に着目するという新しい能力観に立てば、日常生活における個々の決定内容の難易度と、個人がもつ能力との組み合わせを正しく見きわめ、必要とされる支援を補完することが可能になる。

では、ある人の意思決定について、何が必要であるのかを的確に判断することができるのはだれだろうか。日常生活の多くの時間を共にする身近な支援者であることが推測される。すなわち、法的能力の行使において合理的配慮を求めることとは、能力評価においてもっとも尊重されるべき意見が、医学モデルにもとづく専門家による診断から、家族や身近な友人、そして日常生活の支援をおこなうパーソナル・アシスタントなどの複数の人による判断へと移行することを意味するのである。

このような新しい自己決定のパラダイムは、各国で徐々に制度化されつつある。「支援を受けた自己決定」の概念と実践事例について網羅的に研究をおこなっている木口恵美子によれば、カナダ・マニトヴァ州では一九九六年に制定された知的障害者の権利擁護の法律のなかにこの概念がすでに導入されており、さらに法律と同時期に、知的障害のある人が個別に介助者を雇用するパーソナル・アシスタンスの仕組みも、これを下支えする制度として開始されているという（木口［2014］53）。

また、イギリスにおいて二〇〇五年に制定された意思能力法も、精神保健および精神病患者の強制入院治療を主眼とした従来の法律から大きく内容を変化させた（The Stationery Office［2007］＝［2009］）。そこで重視されているのは、意思能力についての判定を受けるまえに個人が意思決定できるようなあらゆる支援を受けることの必要性であり、また、一般的に見て賢明でないように思われる意思決定をする権利の確認である（新井［2009］）。意思能力法においては代理人による代行決定は、このようなあらゆる支援を尽くしたのちの「最後の手段」として示されている。

カナダ、イギリスの新しい意思決定支援の制度はいずれも、「意思能力」と「自己決定」をめぐる従来の社会的カテゴリを、単独の個人による決定から、支援者とのコミュニケーションをベースとする共同の営みへと拡大していく更新の作業であるといえるだろう。

このような支援者と本人との関係をめぐる社会的カテゴリの更新の作業は、日本においてもおこなわれつつある。以下では、おもに一九九〇年代末以降の障害者支援の法制度の改革の流れのなかでこの関係性の更新がどのようにおこなわれているのか、そしてそれに障害者権利条約がどのような影響を与えているのか、という観点から記述をおこないたい。

⦿——「意思形成支援」と「意思実現支援」、共同での意思決定

意思能力に関するカテゴリの更新作業は、同時に意思決定に関して私たちが自明視しているプロセスを可視化することを求める。成年後見制度を含む日本の知的障害者支援について長年にわたって提言をおこなっている柴田洋弥は、先に挙げた権利委員会の意見書が日本の成年後見改革に大きな課題を提起したと指摘する。とくに「本人が自傷や自損の意思や実現不可能な意思を示すときにもその本人の意思を尊重しては本人の権利擁護ができないのではないか」という疑問に対して、「意思決定支援」を「意思形成支援」と「意思実現支援」という二つの過程に分けて考え、本人が自ら新たな意思を形成するための「意思形成支援」を徹底しておこなうことによって、この課題を解消していくことを提案している（柴田［2014］）。

障害の有無を問わず、一般的に何かについて「意思を決定する」とき、私たちが判断の手がかりとするのは、これまで自分が体験してきたことである。そのうえで決定に必要な情報を入手し、理解し、比較衡量し、最終的に決定した意思を表出し、他者に伝達するという一連のプロセスへとつながっていく。この一般的な意思決定のプロセスに障害のある本人が参加していくために必要な支援を言語化し、共有していく作業が必要となる。

さらに、これまで意思決定の主体として想定されていた「個人」に対して、法的能力の主体である本人を中心として、本人にとっての最善の利益を考える他者を含む「支援の輪」を決定の主体として置き換えることも必要である。この点に関して、障害者権利委員会の意見書のなかでは代行決定とならないかたち

での支援の方法を提案している。つまり共同での意思決定という新たな形態の模索である。

法的能力の行使における支援は、地域に根ざしたアプローチを通じて提供されなければならないということになる。締約国は、さまざまな支援の選択肢に関する認識の向上など、どのような種類の支援が法的能力の行使に必要かを学ぶプロセスにおいて、地域社会が有用な資源であり、パートナーであることを認めなければならない。締約国は、障害のある人の社会的ネットワークと、地域社会による自然発生的な支援（友人、家族及び学校など）を、支援付き意思決定への重要な鍵として認めなければならない。（45項）

ある人が、自分が好きなこと、望まないことを周りの人に伝え、一緒にいたい人、望む暮らしを選び、実現していくことを支える。それをできるだけ自然な人間関係のなかで生じさせるように、支えていく。意思決定の主体となるための支援＝ニーズの主体たりうるために必要とされる支援は本人と支援者の共同の営みによる意思決定支援という形態をとるものとして想定されている。

⦿——意思決定の基盤としての地域社会での自立生活

意思決定の基盤となるのは決定を下支えする十分な体験や経験であることはすでに述べたが、同時にその体験の内容や質も問われなければならないだろう。障害者権利委員会の意見書のなかでは、地域社会のなかで尊厳のある自律的な存在として生きるなかで得られる経験が必要不可欠であることが、障害者権利条約第十九条との関係で明確に述べられている。

第十二条に定められている権利を完全に実現するには、障害のある人がその意思と選好を育み、表明する機会を持つことが、他の者との平等を基礎とした法的能力の行使に欠かせない。これは、第十九条に定められているように、障害のある人が他の者との平等を基礎として、地域社会で自立した生活を送り、選択し、日々の生活を管理する機会を持たなければならないということである。（44項）

条約を遵守し、障害のある人の人権を尊重するには、脱施設化を達成しなければならず、また、すべての障害のある人の法的能力が回復され、彼らがどこで誰と生活するかを選択できる（第十九条）ようにしなければならない。個人がどこで誰と生活するかという選択が、法的能力の行使における支援へのアクセスの権利に影響を与えるものとなってはならない。（46項）

ここでは、障害のある人が自らの希望や意思を十分に育んでいくためには、地域社会から隔絶された施設のなかでの生活ではなく、脱施設化された環境が必要不可欠な条件であることが明確に述べられている。地域のなかでの自立した生活のなかで、自らの選択、コントロールを、周囲の人たちの支援を得ながら日々実現していくことが、法的な場面での十分な意思の表明にもつながるのである。

以上で見てきたように、支援を受けた意思決定の基礎になるものは、地域における生活の場が保障されていること、そのなかで障害のある人の自律性が尊重される支援を受けられることである。となれば、当然のことであるが、地域生活における自律を支える仕組みも同時に形づくられなければならない。

地域生活の支援方法としては、これまでケアマネジメントと呼ばれる専門職による相談支援のあり方が中心であった。しかし「支援を受けた自己決定」という新しいパラダイムの出現にともなって、ケアマネジメントの形態を中心とする相談支援のあり方も再度検討されなければならないだろう。この点について以下で考察する。

⦿——日本における障害者ケアマネジメントの導入と限界

日本では一九九〇年代末から二〇〇〇年代にかけて、政府主導のもと社会福祉基礎構造改革がおこなわれた。福祉的ニーズのある人がサービスを受けるさいに、従来の行政による措置から、ニーズのある人が自分の希望にそって福祉サービスを選択し、事業者と契約をおこなう、いわゆる「措置から契約へ」と呼ばれる制度の変更が主たる目的であった。ここで重視されたのはサービス利用者本人の自己決定と選択という理念である。この理念にそった相談支援の手法として「障害者ケアマネジメント」が提唱された。厚生労働省は、障害者ケアマネジメント体制整備検討委員会（座長：白澤政和大阪市立大学大学院教授）を設置し、そこで検討された方針を二〇〇二年に『障害者ケアガイドライン』として発表した。

ここではケアマネジメントはつぎのように定義されている。「障害者の地域における生活支援をするために、ケアマネジメントを希望するものの意向をふまえて、福祉・保健・医療・教育・就労などの幅広いニーズと、さまざまな地域の社会資源の間に立って、複数のサービスを適切に結びつけて調整を図るとともに、総合的かつ継続的なサービスの供給を確保し、さらには社会資源の改善及び開発を促進する援助方法である」(厚生労働省社会・援護局障害保健福祉部[2002])。すなわち、福祉・保健・医療・教育・就労といったさまざまなサービスが広く散在し、利用しにくい状況にあることから、ケアマネジメントの技術をもつものが障害者本人のニーズにもとづいたケア計画を作成し、サービス提供者と調整し、適切なサービスが提供されるよう働きかける必要がある、とするものである。その基本理念として五つの目標「ノーマライゼーションの実現に向けた支援」「自立と社会参加の支援」「主体性、自己決定の尊重・支援」「地域における生活の個別支援」「エンパワメントの視点による支援」が示された。

この五つの目標自体はこれまで述べてきた考え方にそうものであるが、上記の五つの理念それぞれを下支えする相談支援の枠組みとしては、ケアマネジメントは不十分であると言わざるをえない。

ケアマネジメントとはそもそも、既存の地域リソースの存在を前提とし、ケアマネージャーによる利用者とサービスとのマッチングをおこなうものであり、けっして個々の障害のある人の希望やニーズにそって新しい資源の開発を目指すものではない。ケアマネジメントという手法は、施設文化から本人中心の生活支援、個別生活支援にいたる文化的な転換の過渡期で生じた支援のスキームにすぎない。現行のケアマネジメントはかならずしも障害のある人本人の選択やコントロールに配慮する仕組みになっていない。本人の選択とコントロールという原則が欠けていたならば、障害のある人の暮らしの場が施設から地域へと移行したとしても、支援する側と支援される側のあいだに存在する力の非対称性は残されるのである。

⊙――専門家主義の否定を求める新しいパラダイム

また、ケアマネジメントという相談支援の方法そのものに潜む問題として、専門家支配が入り込むリスクがあげられる。アメリカにおける知的障害のある人の脱施設化のプロセスについて研究をおこなったブラッドレイとノールは、障害のある人の暮らし方の変化にともない、支援する専門職の側も従来とは異なる方法をとる必要があると指摘した。彼らによれば、障害のある人の暮らしの場とそれを支えるサービス・モデルは、これまで三つの段階を経ているとされる。

一つめが一九七〇年代中頃までの施設化と依存、隔離の時代であり、ここでは障害者を病者、保護されるべき存在ととらえる医学モデルが支配的であった。これに代わるものとして、一九八〇年代中頃には脱施設化とコミュニティ・デベロップメントの理念を中心とする段階が現れた。個々の障害者が地域で暮らすために成長し学習することが重視され、そのための特別なサービスをつくりだすことに力が注がれた。この時代の中心となったのは、適切な能力と行動の獲得を目指すリハビリテーションの専門家による訓練と、行動科学にもとづいた発達モデルである。しかし、「コミュニティ・ベースド・プログラム」と呼ばれるこのモデルに対して、専門家主導のプログラムが中心となっていることを疑問視する声が徐々に聞かれるようになった。そして一九九〇年代において、コミュニティへの統合の促進、自立、生活の質、個人化を基本理念とする「コミュニティ・メンバーシップ・モデル」が現れたとされている（Bradley and Knoll［1995］5-16)。

この「新しいパラダイム」にもとづくサービス・モデルは、専門職による介入ではなく、地域での継続的で自然な人間関係のなかで育まれる支援を目指すものになる。とくに人間関係をつなぐための支援が重視され、この領域はこれまでの伝統的な方法論が通用しないとされる（Bradley and Knoll［1995］14)。本人の選択とコントロールを拡大するために、現行のプログラムに人びとを合わせるのではなく、本人、家族、友人、地域での生活の状況に合わせて計画をおこなう「柔軟で個別的な支援」が目指されることになる。

⊙――ケアマネジメントのサービス利用抑制機能

このブラッドレイとノールの類型化にもとづいて、日本で現在おこなわれているケアマネジメントをとらえ直してみると、既存の障害者向けの専門的なサービスを中心とする地域資源と本人の希望のマッチングを基本的な形式とする特徴から、二つめのコミュニティ・デベロップメントの段階に適合的な援助手法であることがわかる。

ブラッドレイとノールが提示する新しいパラダイムにおいては、過去の二つのモデルに対する反省から、専門家による支配 professional hegemony が一貫して否定されている。そしてそれに代わる原則として、生活における自律、すなわち「個人による選択とコントロール」が重視されている。援助手法においてもこれらの原則が欠ければ、支援する側と支援される側のあいだの力の非対称性がとり除かれることはない。

この意味において、先に述べた二〇〇二年に示されたガイドラインにおけるケアマネジメントは、生活における自律を実現するという目標のための手段としては不十分なものであった。

さらにこの問題は、支援費制度が施行後早々に財政的な危機を迎え、それに代わる制度として示された障害者自立支援法のなかでより際立つものとなった。すなわち、市町村によるニーズのアセスメントにもとづくサービス量の上限の設定、「応益負担」の原則にもとづく利用料の一割自己負担の導入という利用抑制の原則のうえでなされるケアマネジメントは、本人の意思決定をむしろ阻害する性格をもつものになってしまう。結果として、このようなケアマネジメントの仕組みを含む障害者自立支援法は、その提案の段階から当事者団体の激しい反発を招くこととなった。

この問題は社会福祉基礎構造改革が内包する矛盾にも起因する。社会福祉基礎構造改革においては、措置から契約へという利用者への主権の委譲という理念が前面に押しだされると同時に、福祉サービス領域への参入における規制を緩和し、多様な事業者主体の参入を可能にする疑似市場 quasi-market によるサービスの効率化も目指すものであった。社会保障費の増加を背景として、コスト削減を目的として実施されたという側面がある。

パーソナル・アシスタンスを基本とする障害者支援の枠組みづくりを主張してきた岡部耕典は、障害者自立支援法のもとにおける相談支援のあり方について、障害者権利条約第十九条の観点から批判している。権利条約第十九条が求めるものは、パターナリスティックで保護的な地域福祉とは一線を画し、障害者が自律／自立した地域生活を求めるものである。しかし、障害者自立支援法が施行する相談支援体制のあり方は専門家主導によるケアマネジメントの特徴を色濃く残すものであり、障害者権利条約が求める地域における個人の自律および自立（自ら選択する自由を含む）とは相容れないのではないか、とする指摘である（岡部［2010］104）。

権利条約の正式な批准へ向けて必要な国内法整備に関する集中的な検討がおこなわれていた二〇一〇年に示されたこの指摘は重要である。現在の障害者総合支援法においても、市町村から指定を受けた「特定相談支援事業者」の「相談支援専門員」がケアマネジメントをおこなう者＝ケアマネージャーとして利用者の相談を受けることが想定されており、ケアマネジメントの手法にもとづく相談支援体制における同様の課題はひき続き残されているといえる。

求められるのは、既存のケアマネジメントの問題性を残存させず、本人の意思決定をベースにしてゼロから作り上げる新しい相談支援のあり方である。これにはイギリスの事例が参考になるだろう。

⦿――支援を受けた意思決定による代替策の開発　イギリスの事例から

イギリスでは、現在パーソナライゼーションと呼ばれるケアの個別化政策が推進されている。この背景となっているのが一九七〇年代から九〇年代にかけての障害者の入所施設からコミュニティでの生活への移行であり、そのもっとも大きな推進力となったのは身体障害をもつ当事者たちによる自立生活運動であった。彼らは「障害」を個人の身体的な機能障害から生じるものではなく、社会的なバリアによって生じるものであるとする「社会モデル」を提唱し、一九九六年のコミュニティケア法（ダイレクト・ペイメント）などの制度改革を実現させてきた。とくにダイレクト・ペイメントの導入は、選択とコントロールの最大化を目指してきた自立生活運動の長年の目標であり、自らが選んだパーソナル・アシスタントを自らが雇用することによって柔軟な生活の組み立てを実現する画期的な改革であった。

当初、この枠組みから知的障害のある人や精神障害のある人は原則的には除外されていたが、知的障害のある人たちの入所施設からコミュニティでの生活への移行を支援してきた人びとが中心となり、制度の改良がおこなわれたことによって対象が拡大された。

新しい制度はパーソナル・バジェットと呼ばれる予算配分の仕組みと、本人中心計画 person-centred planning と呼ばれる支援の組織化の方法を中心とするものである。パーソナル・バジェットはダイレクト・ペイメントとは異なり、現金支給ではなく利用者がアセスメントを受けたあとにそのニーズに対応する予算を配分するものである。これによって個人のニーズに応じた柔軟なサービスの選択が可能になった（Glasby and Littlechild［2009］）。

パーソナライゼーション政策の推進にあたって中心的な役割を果たした人物のひとりであるヘレン・サンダーソンは、パーソナライゼーション＝ケアの個別化の政策の根本にあるものが意思決定支援であることを明確に述べている。

> パーソナライゼーションは、たんなるパーソナル・バジェット以上のものを意味する。すなわち、人びとが日々の生活において受ける支援に対して、真の選択とコントロールを手に入れることを

意味する。金銭面でのコントロールの譲渡──現在の国の政策で求められているように──はきわめて重大であるが、しかし同様に、人びとを個人、対等なパートナーだと考え、本人とその家族や介護者に敬意をもって接し、その人がどんな人であるか、何を求めているのかについて、レッテルやライフスタイルにもとづいた思い込みをもって接することをしないソーシャルワーカー、保健専門職その他の、この分野で働く人たちの存在もまた重要である。個別化されたサービスを実現するためには、その人にとって大事なことが何であるのか知ることが必要である。どのようにその人を支えるのがもっとも望ましいか、コミュニケーション、意思決定をおこなう方法はどのようなものであるのか、そして私たちが個別化されたサービスを実現しようとするとき、何をするべきか──何が効果的で、何がそうでないのかを知ることが必要である。(Sanderson and Lewis [2012] 9)

⦿──「ニーズの主体」であることを超える

サンダーソンのこの言葉からは、ケアにかかわる予算の裁量権をケアを必要とする本人へ移行する仕組みの構築や、それにともなう支援手法の更新が、冒頭で述べた「ニーズの主体であること」を実現するためにおこなわれるものであることがはっきりとわかる。

具体的な実践レベルの課題としてはつぎのようなことが求められるだろう。まず、集団での支援に偏りがちな現在のデイセンター方式をパーソナル・アシスタントの利用を中心とする真に個別的な支援システムへと転換することである。それに加えて、個々の希望に応じた支援計画の作成のための新しい知見も必要となる。イギリスにおいて着々と進められている新たな自己決定支援を具体化するための取り組みは、日本に導入した場合にもその有効性が十分に予想される。

この取り組みは、固定化してしまった従来のケアをめぐる関係性を解きほぐす作業であるともいえるだろう。じつはこの作業によって困難から解放されるのは、「ケアを受ける側」であった障害のある人だけではない。個別支援を徹底していくことは、「ケアをおこなう側」である支援専門職の創造性を高めることにもつながるのである。集団的な支援形態のなかでは、サービス利用者だけでなく働く支援スタッフもストレスを感じ、質の高い支援をおこなっていくことが困難になることが指摘されている。離職率の高さ、マンパワー不足はどこの事業所においても共通した課題である。パーソナル・アシスタンスをベースとして、個別に分配された予算のなかで個別のニーズを引きだしプランニングをおこなうシステムは、支援スタッフのバーンアウトの予防にも効果的であり、その創造性を喚起する。さらに、本人の意思にそった支援のあり方は、本人の生活に対する選択・コントロールの感覚を高め、生活の質の向上を促すという面で費用対効果が高く、限られた社会保障費の有効な利用という面からみても意味がある。

そして「ニーズの主体である」ための支援を尽くすことによって、新たに「ニーズの主体であることを超える」という局面が現れてくるだろう。イギリスの障害者運動を牽引してきたヴィク・フィンケルシュタインが、日本から研修に訪れたメンバーに対して語った「願望の文化」にもとづく局面である。

日本では障害者がこうしたいということをニードと表現してきたと聞いたが、ニードは他人が評価するもので、評価するための形式にあてはめて考えられる。希望の場合には定義などなく、個人のライフスタイルによって表現されるものだ。別の言い方をすると、ニードは評価された結果で表されるもので、これはサービスによって満たされる。しかし希望は完全に満たされることなどなく、無限に広がっていくものである。障害のない人たちは、そのようにして次々に様々なものを作ってきたではないか。（ヒューマンケア協会［1998］59）

福祉の現場においては「ニーズ」という言葉が多く使われる。このニーズという言葉は本人が抱える困難の在りようを描きだすうえで有効に働くツールであるが、しばしば当事者が感じとった「主観的な必要性」を退ける機能を果たしてしまう（武川［2001］34）。あることを「したい」、あるものが「必要だ」という日常的な感覚から生まれる願望を、日常言語から切り離し、「ニーズ」という言葉に置き換えることで、その願望が規範的に正しいかどうか、合理的か否か、その人がそのような支援を受ける適格性をもっているか否か、といった社会的な正しさという基準が入り込んでしまうことすらある。そのとき「ニーズ」という言葉は、当事者の意見を封じ込める「専門家支配」を呼び込むマジックワードとして機能してしまうのである。

フィンケルシュタインのいう「ニードの文化から願望の文化への脱却」とは、ある人の願望を「ニーズ」という言葉で解釈せずに、まずそのまま受けとめることからスタートする。そこを出発点として、その願いがどうしたら実現可能か、当事者と家族、友人、地域の人、支援者といったその人をとりまく人の輪のなかで考えていくことが求められる。ひじょうに時間がかかり、手間もかかる実践である。しかし「ニーズの主体であること」を超えることは、このような地道な取り組みでしか実現されない。

そしてこれは、ほかの章でとりあげられている女性や高齢者といった人たちにも共通する課題である。「ニーズの主体」であることを超えようとすることは、こうした人たちが「ニーズの主体」としてカテゴリ化されることを経ることでしか社会の成員として認められてこなかった近代社会のあり方を更新する可能性へとつながるのである。

「ケア」のパートである第4章、第5章においては、「ケアする存在」として固定化されてきたジェンダー構造によって生じた弊害と困難の様子が描かれ、その更新の可能性が示された。本章では「ケアされる存在」として無力化されてきた障害のある人たちが被ってきた困難とその更新を記述してきた。これまで見てきたように「自己決定」の概念と関係性の更新は、近代社会において自明視されてきた「意思能力」を持つもの／持たないものに区分けする排他的カテゴリを撤廃し、多様な人びとの自己決定のあり方を包摂する新たな仕組みをつくり上げることにつながった。自己決定と能力の概念の更新は今後、より広い文脈における「自立」と「依存」をめぐる関係性の更新を導き出すものになるだろう。そしてそれを通じて、「ケアする／される」関係の固定化からの脱却も図られるだろう。

●注

＊1　パターナリズムへの批判の代表的なものとしてピープル・ファースト運動があげられる（People First of California [1984]）。

＊2　二〇一五年十二月に社会保障審議会障害者部会から「障害者総合支援法施行3年後の見直しについて」という報告書が示された。そこでは「意思決定支援ガイドライン（仮称）」の作成へ向けた方針が示されたが、その内容はいまだ具体的には示されていない。

●文献

Bradley, Valerie, and James Knoll [1995] "Shifting Paradigms in Services for People with Developmental Disabilities," O.C. Karan and S. Greenspan eds. *The Community Revolution in Rehabilitation Services*, Andover Press, 5-20.

Glasby, J., and R. Littlechild [2009] *Direct Payments and Personal Budgets: Putting Personalization into Practice*, Policy Press.

Oliver, Michael [1990] *The Politics of Disablement: A Sociological Approach*, Palgrave Macmillan.（＝[2006] 山森亮・三島亜紀子・山岸倫子・横須賀俊司訳『障害の政治——イギリス障害学の原点』明石書店）

People First of California [1984] *Surviving in the system: Mental Retardation and The Retarding Environment*, California State Council on Developmental Disabilities.（＝[2006] 秋山愛子・斎藤明子訳『私たち、遅れているの?——知的障害者はつくられる』増補改訂版、現代書館）

Sanderson, Helen, and Jaimee Lewis [2012] *A Practical Guide to Delivering Personalisation Person-Centred Practice in Health and Social Care*, Jessica Kingsley Publishers.

The Stationery Office on behalf of the Department for Constitutional Affairs [2007] *Mental Capacity Act 2005 and Mental Capacity Act 2005 Code of Practice*.（＝[2009] 新井誠監訳・紺野包子訳『イギリス２００５年意思能力法・行動指針』民事法研究会）

赤沼康弘 [2014]「第三章　法定後見制度」新井誠・赤沼康弘・大貫正男編『成年後見制度——法の理論と実務　第二版』有斐閣、

21-164
新井誠［2009］「解題」新井誠監訳・紺野包子訳『イギリス二〇〇五年意思能力法・行動指針』民事法研究会、291-296
――［2012］「障害者権利条約と成年後見法――前門の虎、後門の狼」民事法研究会『実践成年後見』41: 13-30
――［2014］「第一章　成年後見制度の現状と課題――成年後見の社会化に向けて」新井誠・赤沼康弘・大貫正男編『成年後見制度――法の理論と実務　第二版』有斐閣、1-19
池原毅和［2010］「第十二章　法的能力」松井亮輔・川島聡編著『概説障害者権利条約』法律文化社、183-199
上野千鶴子・中西正司編［2008］『ニーズ中心の福祉社会へ――当事者主権の次世代福祉戦略』医学書院
岡部耕典［2010］「第七章　自立生活」松井亮輔・川島聡編『概説障害者権利条約』法律文化社、95-110
川島聡［2015］「第三章　国連と障害法」『障害法』成文堂、54-73
木口恵美子［2014］『知的障害者の自己決定支援――支援を受けた意思決定の法制度と実践』筒井書房
厚生労働省社会・援護局障害保健福祉部［2002］『障害者ケアガイドライン』平成十四年三月三十一日（2014.8.20 取得、http://www.mhlw.go.jp/topics/2002/03/tp0331-1.html#1）
柴田洋弥［2014］「意思決定支援に基づく成年後見制度改革試論――国連障害者権利委員会意見書『第十二条：法律の前における平等な承認』に沿って」（2015.6.1 取得、http://homepage2.nifty.com/hiroya/seinenkoukensiron.html）
障害者権利委員会［2014］第十一回セッション（仮訳：日本障害者リハビリテーション協会）『第十二条：法律の前における平等な承認』（2015.6.4 取得、http://www.dinf.ne.jp/doc/japanese/rights/rightafter/crpd_gc1_2014_article12_0519.htm）
武川正吾［2001］『福祉社会――社会政策とその考え方』有斐閣
中西正司・上野千鶴子［2003］『当事者主権』岩波書店
ヒューマンケア協会［1998］『障害当事者が提案する地域ケアシステム――英国コミュニティケアへの当事者の挑戦』

ジェンダーと障害が問う「社会」のあり方

ケアという営みは、「ジェンダー」と「障害」の二つの領域と深く結びついている。近代において、人間の生命活動を支える育児・介助等のケア行為は、母親・妻・嫁といった立場の「女性」をその担い手として、医学的基準にもとづく「障害者」をその対象として想定してきた。「男性／女性」といったジェンダーカテゴリや「健常者／障害者」という障害カテゴリの自明視が、ケア行為を秩序だてていたともいえる。それゆえに、後期近代において生じている「ジェンダー」「障害」カテゴリの更新は、従来のケアのあり方を変え、ケアの前提となる人間像をも揺るがすものとなっている。

本パートで扱った「ジェンダー」「障害」という領域が問うたのは、人間の心身に対する意味づけのあり方である。「ジェンダー」「障害」という領域はいずれも、生物学的・医学的基準を根拠として人間を「男性／女性」「健常者／障害者」にカテゴリ化し、一方を優位に、もう一方を劣位に置くという序列性を有している。こうしたカテゴリ間の序列性は、二十世紀に「差別問題」として「発見」され、その解消を目指した社会運動が世界的に展開された。これらの運動の結果、反差別を謳う条約や法制度がつぎつぎと生みだされることとなったが、制度的整備が進む一方で、従来の「女性」「障害者」を「劣った存在」「社会的弱者」とみなす見方自体は消散してはいない。むしろ、彼らを保護・支援すべく生みだされた制度やその運用場面のなかにさえも、序列化された意識が深く入り込んでいることが指摘されるようにもなっている。「ジェンダー」「障害」という領域はそれぞれ、二十一世紀を迎えてなお残る「問題」、あるいは二十一世紀を迎えたがゆえに生じる「問題」によって、さらなる更新が要請されているのである。

本パートでは各章を通じて、「ジェンダー」「障害」それぞれの領域における知見をもとに、ケアをめぐるカテゴリの更新の様態を記述してきた。

第4章の笹野悦子「「ジェンダーカテゴリとマイノリティ――父子家庭が問いかけるもの」では、日本における「父子家庭」という事象をとりあげ、これまでは「女性の問題」として議論されてきたジェンダー問題を「男性」の視点から問うことを試みた。

近代において子育ては、男女が結婚し、男性が主たる稼得者として家計を支え、女性が家事専従者として子どもを「産み・育てる」という、ジェンダー固定的な役割のうえに成り立つものと認識されてきた。夫婦それぞれが「夫・父」「妻・母」としてジェンダー役割を担うのが「自然」な家族モデルとされ、夫婦と子どもからなる家族が「標準」化される一方で、二十世紀後半まで、父子家庭や母子家庭といった「非標準」の家族は、死別等によって「やむをえず」生じた存在とみなされてきたのである。

とくに父子家庭は、母子家庭と比較して絶対数が少なく、「標準」的家族像にもとづいた想定から特段の経済的支援は不要と考えられたため、制度上は不可視化されてきた。女性の領域とされてきた子育てにおいては、「女親」である母親だけが「親」として承認され、「男親」の父親は排除されてきたのである。しかし、一九七〇年代後半以降、既婚女性の労働力化や離婚の増加によって、ジェンダー化した「標準」家族モデルは変容を迫られた。同時に、父子家庭の父親たちの運動によってその窮状が認知されるようになり、二〇一〇年代には、ジェンダーを問わない「ひとり親」に対する支援体制の整備が着手されつつある。

この章でとりあげている父子家庭の父親たちは、その運動の過程で、従来「女性の問題」とされてきたジェンダーについて、新たな視角を提供している。それは、「家族＝私的領域＝女性の場／労働＝公的領域＝男性の場」という区分線が生みだすジェンダー役割が、女性のみならず男性の人生をも制限しうるという現実である。父子家庭の存在が問いかけるのは、「男親／女親」というジェンダーカテゴリの限界性であると同時に、労働と子育てが同時に成立しない社会のあり方そのものといえる。

第5章の丹治恭子「子育てはいかなる営みか――責任・担い手の変容から」では、「親」の役割を中心に、ジェンダー固定的な家族像にもとづく子育て観の更新の様相を描きだしている。近代において、「先天的」「生理学的」に妊娠・出産を可能とする女性が、子育てに「責任」をもち、自ら「担い手」となって子育てをおこなうことは当然視されてきた。しかし、二十世紀後半の日本では、女性の社会進出や少子化といった社会変化のなかで、子育てを家族外部の保育施設などに託す「子育ての社会化」と呼ばれる現象が見られるようになっている。これは、「産み・育てる」という女性に与えられたジェンダーカテゴリとともに、近代において自明視されてきた「産むこと」と「育てること」との結びつきまでもが更新される可能性を示唆するものである。

さらにこの章では、二〇一〇年代に導入された新たな保育制度のなかに、育てる側を「主体」、育てられる子どもを「客体」とみなしてきた従来の子育て観を覆す視点を見出している。それは、「子ども」を子育てのもう一つの「当事者・主体」とみなす見方である。こうした眼差しの転換によって、今後さらに、子育ての責任や担い手としての親の役割が変容しうる可能性があることが指摘された。

なお、子育てにおける「当事者」のあり方については、「障害」のとらえ方とも共振する部分が多い。当然のことながら、「子ども」と「障害者」を一律に扱うことはできないが、一定の特性のある心身を抱えた「主体」やその「主体性」をどのようにとらえ、また、当人の意思をどのように汲むのかについては、「障害学」における議論が先行しており、すでにさまざまな考究がなされている。このことが示唆するように、本パートで扱っているケアという事象は、担い手が「女性」のみに限定されてきたというジェンダー性のみならず、「担い手＝健常者＝主体／対象＝障害者＝客体」という「健常／障害」をめぐるカテゴリとも不可分であることから、「ジェンダー」「障害」の二つの領域が連関しあう結節点にあたる。

第6章の麦倉泰子「障害者権利条約からみた新たな意思決定支援」では、「障害学」の知見の一つである、障害者を「ニーズの主体」とする新たな見方をとりあげ、その基盤を構成する条件を考察している。

近代社会において、医学的基準にもとづいて心身になんらかの「異常」があると判断された人びとは、「障害者」としてひとくくりにされ、「健常者」より劣位に置かれてきた。こうした「障害」観は「医学モデル」と呼ばれ、このモデルのもとでは、手足が動かない、文字が読めないといった身体的・知的・精神的機能不全は「個人的な問題」とみなされた。さらに障害者は、医療・福祉関係者による「専門家支配」のもとで主体性が奪われてきた。

これらの従来の障害観の転換を図ったのが、障害者運動の流れを汲み、二十世紀後半に誕生した「障害学」である。障害学は、「障害」を社会的に構成されるものとみなす「社会モデル」を提示した。このモデルでは、自由に出歩けない、働けないといった障害者が被る不利益の原因を個人ではなく社会に帰属させることによって、「障害」を「社会的な問題」とみなした。二〇〇六年には、社会モデルにもとづいた「障害者権利条約」が国連で採択され、そこでは、「障害」を生みだす社会的障壁を可能な範囲でとりのぞく「合理的配慮」が締約国に義務づけられている。

このような「障害」のパラダイムシフトをふまえ、この章では、社会モデルのなかで「自立した個人による意思決定」という近代の人間像・能力観が覆される様子を描きだしている。近代において前提とされた人間像は、自らの意思にもとづいて物事を決めることのできる「自立した個人」であった。この前提から外れる「障害者」は、医学モデルのもとで「意思能力のないもの」と判断され、「保護」の名のもとに、自己決定の機会を奪われてきた。しかし、「障害」の社会モデルでは、「支援付き意思決定」という、新たな「意思能力」カテゴリにもとづく意思決定の方法がとり入れられている。そこでは「意思能力」を、従来の「健常／障害」の二項対立に対応した「ある／ない」という二分法ではなく、意思決定を単独でおこなうことができる状態と他者からの支援を必要とする状態とのあいだでグラデーションを構成するものとみなす。また、意思決定の方法においても、「自立した個人」が単独でおこなうものではなく、周囲の人とのコミュニケーションを基盤とした共同の営みとしてとらえなおされている。このように、障害者が「ニーズの主体」となるためには、「意思能力」カテゴリならびに個人像の意味内容の更新が不可欠となる。あわせてこの章では、障害者の「主体化」の障壁となる「専門家支配」を徹底して排除するならば、ニーズという概念さえも更新の対象となることが指摘された。

この第6章の知見から見えてくるのは、社会モデルをとり入れることによって、「障害」のみならず、従来の個人観・人間観や社会像が変容を迫られる事態である。「障害」の社会モデルの採用は、「障害」の原因を個人ではなく社会へと帰属させることによって、社会のあり方それ自体を絶えざる更新にさらすことになる。

つづく「世代」のパートでは、「年齢」に対する社会的意味づけを扱う。「青壮年／高齢者」といった年齢にもとづくカテゴリのあいだの序列性は、「エイジズム」と呼ばれ、差別問題の一つに数えられる。ただ、「世代」の領域では、「ジェンダー」「障害」のようなパラダイムシフトは経験されていないため、「年齢」による心身の変化は「個人の問題」であるとみなされ、「年齢」によって被る不利益を「社会の問題」としてとらえる視点は十分に共有されていない。

「老後」を迎え、社会保障の受け身とされる「高齢者」は、いかにして主体化されうるのか、また、「年齢」という区分線が更新される可能性はあるのか。「年齢」を基準としたカテゴリの更新の様相は、つぎのパートにて詳述される。

（丹治恭子）

世代

変動の激しい今日の社会では、
人びとの経験や考え方、価値観も多様となる。
万人が共有する
生き方のモデルを見出すことは難しくなり、
そこで生じる世代間の利害葛藤は
社会全体のリスクとなりうる。
こうした葛藤を生みだす
「世代」概念の検討をとおして、
リスク共有による
共生社会のプロバビリティ（蓋然性）を問う。

第7章

「青壮年／高齢」の区分をめぐって

笹野悦子・丹治恭子

⦿――「世代間葛藤」からみえるもの

「世代」という言葉は一般的に、二つの意味で用いられている。一つは、人間の生涯を年齢によって区分する見方であり、「若者」「現役」「高齢」といった呼び名はこれに該当する。ここで用いられる区分線は、加齢にともなう心身の変化や就学・就職・退職といったライフイベントを契機とした社会的地位・役割の変化が基準とされる。もう一つは、同じ時代に生まれ、経験・関心などを共にする人びとを一つの集団としてとらえる見方である。日本において、一九四七〜四九年生まれの人びとを「団塊世代」、一九七〇年代前半生まれの人びとを「団塊ジュニア世代」、一九九〇年代〜二〇〇〇年代初頭生まれの人びとを「ゆとり世代」と呼ぶのは後者の見方の例にあたる。以後、本章と第8章を通じて論じる「世代」では、一つめの「年齢」を基準とした青壮年期・高齢期といった区分を「年齢層」と呼び[*1]、二つめの「経験」を基準としたとらえ方を「世代」と呼ぶことにする[*2]。

ところで、二〇〇〇年代以降の日本は、「二〇〇七年問題」「二〇一二年問題」と呼ばれる、「団塊世代」の一斉退職を経験した[*3]。これにより、少子高齢化が進行するなかで危惧されていた「社会保障にも経済的にも恵まれた高齢者と、その負担を背負う青壮年」という「世代間葛藤」の構図が、社会問題として表面化した[*4]。高齢者を支援するために存在する年金制度が、青壮年の勤労者に対して重い負担を強いており、その結果として世代間の利害対立・葛藤が生みだされたのである。この「世代間葛藤」という現象は、総人口において「高齢者世代」が二割以上を占める「超高齢社会」という人口構造的な特徴をもち、かつ高度経済成長期後の経済低成長と少子高齢化が同時進行した二〇〇〇年代以降の日本という時代背景のもとに生じている。換言すれば、「勤労世代」からの「高齢者世代」に対する怨嗟は、「超高齢社会」の到来にともなう社会保障負担の増大という特定の社会・経済的状況のもとで生まれたのである。

着目すべき点は、この現象が先に述べた「世代」に関する二つのとらえ方(「年齢層」と「世代」)が絡みあって生起したことにある。公的年金に代表されるような高齢者を対象とした社会保障制度は、人びとを「勤労世代＝働くことのできる年齢」と「高齢者世代＝働くことのできない年齢」に分け、「勤労世代」が「高齢者世代」の社会保障受給を支えることによって成立している。すなわち、「勤労世代」と「高齢者世代」という二つのグループはそれぞれ、「働ける人＝社会保障の担い手」と「働けない人＝社会保障の対象」とに対応しているのである。だがその一方で、それぞれの現役時代において前者は低成長期、後者は高度成長期という異なる時代状況を経験しているため、両者の経済状況には大きな差がある。こうした年齢にもとづいた「年齢層」と共通の経験をもつ「世代」の二つの条件が重なったのが、二〇〇〇年代以降の「世代間葛藤」とみることができる。

したがって、これ以後の「世代」のパートでは、この「世代間葛藤」について、本章では「年齢層」、第8章では「世代」の二つの見方から読み解く。青壮年は「若さ」を備えていることを理由に負担を負わされているが、その一方で「高齢者」も貧困や孤立等、高齢であることを理由にさまざまな困難にさらされている。こうした状況を生みだす「年齢層」に対する意味づけが更新されうるとすれば、そこには「世代間葛藤」を含むさまざまな課題を解消する可能性を見出すこともできるだろう。加えて、異なる「経験」をもつ「勤労世代」と「高齢者世代」の二つのグループ間の摩擦の緩和・解消には、両者の「経験」の違いを判断の基準としない「世代」カテゴリの更新が求められる。

以上の認識をふまえ、本章では「年齢層」という見方に焦点をあて、年齢区分から生じるリスクが集中しやすいとされる「高齢者」の困難を描出し、カテゴリ更新の可能性について検討する。

⊙——「高齢者」とはだれのことか　「高齢者」の誕生と推移

ここで「高齢者」像が構成された経緯を簡単に整理しておこう。国内諸制度や国連などはおおむね六十歳ないし六十五歳以上の人びとを「高齢者」とする。日本では雇用慣行における定年制と年金制度の成立にその根拠を見出すことができる。

日本型雇用システムにおける「定年制」は、年功賃金制度によって高まるコストを排除する必要から不可欠な仕組みであり、その起源は第一次世界大戦後に遡ることができる（荻原［1984］）。当時「老衰してその職に堪えられない」とされた五十五歳という年齢は、戦後の定年制へと引き継がれた。定年年齢は、「老衰」によって労働者としての役割が果たせなくなる時期を示す、「高齢者」と「青壮年」との区分線として機能したのである。その後、定年年齢は徐々に引き上げられ、二〇〇〇年代初頭には八五％の企業が六十歳定年を採用、二〇一三年には一割強の企業が六十五歳以上定年である（厚生労働省「平成二十六年就労条件総合調査結果の概況」）。

一方、公的老齢年金は一九四二年の労働者年金保険の導入によって開始される。当時の工場労働者の五十五歳定年を背景として年金給付も五十五歳以上を対象とした。その目的についても、「自然的廃失状態（老衰）になると想定できる一定の高年齢を定め、その年齢に達したこと」による、労働能力の廃失や消滅に起因する稼得能力喪失時の所得を保障するものと議論されていた（村上［2000］197）。すなわち、一定年齢以上の雇用労働者を老衰に向かうものと想定したうえで、社会的扶助の対象という「高齢者」の意味づけがなされたといえる。一九六一年の国民年金開始によって国民皆年金が施行され[*5]、国民全体が年齢を基準として分類可能になった。産業構造の変化にともなって、「働く」ことが雇用従業と等値になる過[*6]程で、日本社会では年金の被保険者として雇用従業者の「現役」を生きる人びとと、定年退職で雇用の場から周辺化され老齢年金を受給して生きる「高齢者」が法的根拠を伴って区分されたのである。すなわち、

「高齢者」というカテゴリは、雇用従業者をモデルとした一定年齢を境に一斉に「働く／働けない」を分かつ制度のうえに成り立っている。

⦿——「高齢者」にカテゴライズされない高齢期の人びと

日本の雇用慣行は、本人の働きつづけたいかどうかの意思を超えて一定の年齢で自動的に雇用の場から労働者を退出させ、同時に所得を保障することで、「働けない」と意味づけられ主体化から遠ざけられた「高齢者」を構成してきた。しかし第8章後半でも述べられるように、「年金受給者」という「高齢者」の社会的定義の変更は不可避のものであり、このような「高齢者」カテゴリの限界を示す事象もみることができる。ここでは二つの事例を紹介して年齢区分の限定性を記述しよう。

まず一つは、「世代内格差」にみられる「高齢者」像の限界である。

「高齢者」にはリスクが集積しがちであるといわれるが、経済状況に関する「高齢者」内の格差は他の年齢層に比べて大きいことも観察されている。所得格差の指標を示すジニ係数は〇から一までの値をとり、分布が平等であれば〇に近づき、不平等であれば一に近づく。このジニ係数を世帯主の年齢階級別でみると、三十歳代でもっとも低く（〇・三四二）、六十歳代の世帯〇・三八〇、七十歳代〇・三九三、八十歳以上〇・四一六で、高齢のほうが所得格差が大きい（堀江ほか［2008］）。高齢期の所得格差の背景として雇用者世帯、自営業者世帯、三世代世帯などの年金以外の多様な収入源のある世帯と、単身世帯や年金をおもな収入源とする世帯など収入源の限られた世帯のあいだの経済状況の格差が指摘される（堀江ほか［2008］、白波瀬[2002])。前者には高齢期でありながら雇用者・自営業者として現役で働いて収入を得ているケースが含まれている。[*7]「高齢者」という一定の年齢で区分された単一のカテゴリでとらえることの難しい、現実の高齢期の人びとの多様性がみてとれる。

もう一つは、カテゴリ構成をめぐるコンフリクトである。

二〇一五年五月の新聞記事によると、仏教寺院の住職の厚生年金加入に関して全日本仏教会(全日仏)と日本年金機構の議論が平行線をたどっている。年金機構は、厚生年金保険法が法人格のある職場を「適用事業所」と定めて厚生年金への加入を義務づけていることを背景に、宗教法人である寺院や教団にも加入を働きかけている。一方、寺院は「厚生年金となると負担が重い。法人とはいえ個々の寺院は零細だ。無理に入ったところで、未納の寺院が続発するのは目に見えている」という事情を抱えている。さらに全日仏側が問題視しているのが、「厚生年金の制度設計がサラリーマンの人生をモデルにしたものであって、『定年のない自分たちの世界では制度自体がなじまない』という点」である。寺院の住職の場合、一般社会ではシルバー世代とされる六十~七十歳代であっても「働き盛り」であり、定年はほとんどない。「収入面も、法要などでのお布施がある程度見込めるため、年金に頼るといった意識が薄い。一定以上の収入があると、基礎年金部分は除き、受給額の一部または全額がカットされることもあ」るという。[*8]

寺院の住職には一律の定年制度が設けられておらず、高齢期にありながら働きつづけることが可能な「働き盛り」の現役である。もちろんこれはひとり住職に限定された事例ではなく、自営業など他の職業にも通じることである。雇用されずに働きつづける住職たちは、厚生年金制度に組み込まれて「青壮年」/「高齢者」にカテゴライズされることを拒否するのである。全日仏と年金機構の対立は、雇用従業者をモデルとする「年齢層」の構成に由来する。雇用従業を標準とした制度は一定の年齢の区切りで「働ける／働けない」というカテゴリを構成して「高齢者」をつくり上げ、次節で述べる「エイジズム」の序列のなかに配置してきた。紹介した二つの事例は、高齢期でありながら働きつづけることで「高齢者」カテゴリからこぼれおちる存在を示しており、一定年齢でカテゴリ化することの限界を示すものである。

◉——「年齢層」とエイジズム

先述したように定年年齢は、「高齢者」と「青壮年」とを分ける区分線として機能してきた。そして、この世代の区分は両者を単純に分かつものではなく、一方を劣位にもう一方を優位におくものとして認識されている。たとえば、定年後の生活を指して「セカンドライフ」と称することがあるが、この描写は、定年を境に前半を「第一」、後半を「第二」とする時期の順序を示すだけではなく、前半の職業生活を中心に据え、その後の人生を周辺化する序列性を表現している。同様に、高齢期を示す「老後」「余生」といった言葉も、定年退職「後」を「余」りの人生とする位置づけを表したものである。これらの認識に示されているように、「高齢者」とカテゴライズされる人びとは、年齢によって職業上の役割や子育て役割を失い、アイデンティティ喪失の危機に直面することになる。

そして、こうした年齢を基準として人間を序列化する考え方のことを「エイジズム」という。この「エイジズム」の代表的な例が、年齢によって一律に退職が強制される定年制や中高年者の再就職が困難となる就業差別、賃貸住宅への入居拒否等である。二〇一〇年代の日本においても、「高齢者」は生活上の困難が集積しやすい状況におかれている。たとえば、高齢期は自死死亡率が高く[*9]、また、相対的貧困率・生活保護率も年齢が上がるにつれて高くなる傾向がある。[*10] とくに、生活保護率は、全年代平均が一・六％であるのに対し、六十歳代以上はいずれの年代も平均よりも一ポイント前後高く[*11]、高齢期にリスクが偏りがちであることが確認される。しかし、こうしたリスクの集中をもたらす「高齢者」に対する「エイジズム」は、「加齢によって生じる変化はごくあたりまえの自然現象である」との認識によって正当化されるため、当事者でさえ「差別」として認識しづらいものとなっている。このように、年齢は近代において、人びとをカテゴリ化し序列化するさいの基準として機能してきた。[*12]

なお、「エイジズム」が広く関心を集めるようになったのは一九八〇年代のアメリカである。この時期、「エイジズム」への注目を促した背景が二つある。

一つは、アメリカにおける高齢化の進行である。当時のアメリカでは、就労年齢人口に対する高齢人口の割合が急激に増加することが問題視され、退職や所得保障、医療保険への関心が高まっていた。ここからは、二〇〇〇年代以降の日本における「高齢者世代」と「勤労世代」の「世代間葛藤」との共通点がうかがえる。

もう一つは、反差別運動の展開である。一九六〇年代のアメリカでは、レイシズム（人種差別）に対する公民権運動が、七〇年代はそれに加えてセクシズム（性差別）に対する女性解放運動が生じた。そしてその後、人権意識や反差別意識の高まりのなかで、レイシズム・セクシズム問題が解消されていくとともに、年齢を基準とした「エイジズム」が新たに関心を集めるようになった。これら三つの差別問題の流れから、「エイジズム」は、レイシズム・セクシズムに続く「第三のイズム（差別）」（Palmore［1990］＝［1995］7）といわれている。

アメリカにおける高齢化の進行ならびに反差別運動の文脈は、一九九〇年代以降の日本の姿と重なる部分が多い。超高齢社会の到来が避けられない状況のなかで、日本における「エイジズム」の認識と解消は喫緊の課題とされている。

⦿──「年齢層」の更新

「高齢者」は一定の年齢を基準とした定年制や年金制度によって生みだされ、「エイジズム」によって「青壮年」の劣位におかれてきた。こうした状況のなかで、既存の諸制度が変容する兆候もみられるようになっている。その一つが、欧米を中心に広がりつつある「年齢差別」を禁止しようとする政策の展開である。なお、この年齢差別禁止を謳う政策について、日本では取り組みが部分的に開始された段階にある。一九九〇年代の中高年世代の再就職問題、二〇〇〇年代の年長フリーター問題を機に、「年齢差別問題」が政策課題として意識されるようになり、二〇〇七年の「改正雇用対策法」で、労働者の募集・採用の年齢制限を禁止する規定が設けられている*13（濱口［2014］）。

一方、欧米では、年齢差別禁止の法制化が進んでいる。

たとえばアメリカでは、一九六七年に人種・肌の色・宗教・出身国・性による差別の禁止を謳う公民権法の流れを汲んだ年齢差別禁止法が制定され、一九八六年には「定年制」も撤廃されている。[14] そのうえで、個人が「働くこと」を生活保障の基本に据えた政策が展開されている。そのため、次ページの**表**に示すように、労働しない／できない者に対する失業扶助制度は用意されておらず、低所得者向けに用意されている「補足的所得保障（ＳＳＩ）」もあくまでも年金を「補足」するものと位置づけられている。さらに、このＳＳＩという仕組みは、「保障すべき最低生活費を設定したうえでの補足ではな」（野田［2007］131）く、給付水準も単身者は貧困線の約七・五割、二人世帯では約九割にとどまっているという。こうしたアメリカの取り組みからは、「労働」を個人による生活保障策として位置づけ、競争原理を導入することで就労を促進しようとする新自由主義的発想がうかがえる。

一方、ＥＵでは、二〇〇〇年に宗教や信条・障害・年齢・性的志向による差別を禁止するよう各加盟国に求める指令（2000/78 指令。以下、「ＥＵ指令」と表記）が採択され、この指令を受け、加盟国はつぎつぎに年齢差別禁止法制を導入した。しかし、「定年制」自体は廃止されず、多くの国では年齢差別禁止の制度と「定年制」が併存している状況がある（玄幡［2005］、櫻庭［2014］）。こうしたＥＵ各国における年齢差別禁止法制と「定年制」の併存・両立は、矛盾するものであるようにみえるが、「定年制」と老齢年金の支給開始とが接合しているかぎり適法であるという理解に支えられている。すなわちＥＵ各国は、「定年制」がもつ年齢差別の問題性よりも、生活や雇用の保障を優先しているのである。そしてそれは、年齢差別禁止に関する法制度・高齢者に関する生活保障制度にも表れている。

表に示したように、ＥＵ諸国は、「定年制」「公的年金」によって、人間を「青壮年」と「高齢者」の二つのグループに分ける年齢区分を設けてはいる。しかし同時に、失業保険の受給要件を満たさない場合でも年金受給開始年齢まで一定額の給付が受けられる失業扶助制度、年金受給のみでは生活が困難な高齢低所得者に向けた公的扶助制度を充実させるなど、「青壮年」「高齢者」の双方に対する手厚い生活保障策が設けられている。これは、「青壮年」には失業保険をカバーするかたちの失業手当(「失業扶助」)を、「高齢者」には年金を補う所得保障(「高齢低所得者保障」)をそれぞれ用意することによって、両者のカテゴリの序列性を緩和し、結果的に「年齢層」の示す意味内容の更新につながる動きとみることもできる。アメリカのように、「雇用における年齢差別禁止」を謳

高齢者に関する生活保障制度

公的年金制度	高齢低所得者保障制度		
支給開始年齢	名称	対象者	受給要件
66歳→67歳(～2027年)	補足的所得保障(Supplemental Security Income:SSI)	65歳以上の高齢者・障害者(18歳以下の子ども含む)	不労所得・勤労所得・資産総額が一定以下の水準であること
男性65歳・女性62歳5か月→男女ともに68歳(～2046年)	年金クレジット	60歳以上(保障クレジット) 65歳以上(貯蓄クレジット)	保障クレジット:60歳以上で、一定の水準以下の収入であること 貯蓄クレジット:65歳以上で、一定の水準以下の収入であること
65歳3か月→67歳(～2029年)	高齢者・障害者基礎保障	高齢者・障害者基礎保障:年金支給開始年齢以上で、疾病・障害のために稼働能力を有しない(毎日3時間以上稼働できない)満18歳以上の者	生計扶助:全所得・資産が一定以下の水準であること 高齢者・障害者基礎保障:本人と同居配偶者・パートナーの所得・資産が一定以下の水準であること
61歳2か月→62歳(～2017年)	高齢者連帯手当(Aspa)	65歳以上(労働不適格者または障害者年金対象者の場合は年金受給開始年齢以上)の者	どの老齢保険制度にも加入していないこと

(有森[2007]、山本・齋藤・岡本[2013])

って「定年制」を廃止し、個人が年齢にとらわれず各自の責任で就労することを促す制度とは対照的である。

このように、年齢差別禁止に関する法制度は、その実現の方向によってまったく異なる様相を呈する。「年齢」にかかわらず広く人びとの生活を保障するものにも、「高齢者」として守られてきた個人を自由競争へと追いたてるものにもなりうるのである。そしてこうした方向性の違いは、「差別」と「保護」が表裏一体であることとも深くかかわっている。

「定年制」の成立の部分でも確認したように、近代において「高齢者」は、加齢によって体力が衰え、労働が困難になることを理由に、「保護」の対象とされてきた。しかし、そうした福祉の受け手

表　欧米各国における年齢差別禁止・高齢者に関する生活保障の制度

	年齢差別禁止／定年制に関する法制度			失業扶助制度		
	年齢差別禁止を定めた法制度（制定年）		定年制（設定可能な定年年齢）	おもな受給要件	給付期間	
アメリカ	雇用における年齢差別禁止に関する連邦法（1967年）※保護対象年齢：40歳以上		原則不可	なし	なし	
イギリス	EU指令	2006年 雇用均等（年齢）規則（2006年） ※保護対象年齢：全年齢	可（65歳以上）	一定の水準以下の収入および資産であり、失業保険の受給資格がないこと。求職活動義務あり（ただし、一定年以上の者は免除措置あり）	受給要件を満たせば、受給期間を更新することにより、年金開始年齢まで受給可	
ドイツ	EU指令	一般雇用機会均等法（2006年）※保護対象年齢：全年齢				
フランス	EU指令	労働法典L.122-45条（差別防止に関する一般規定）など（2001年） ※保護対象年齢：全年齢				

出典：厚生労働省編『世界の厚生労働〈2007〉2005~2006年海外情勢報告』『世界の厚生労働〈2012〉2010～2011年海外情勢報告』、厚生労働省ウェブサイト「年金制度の国際比較」http://www.mhlw.go.jp/topics/bukyoku/nenkin/nenkin/pdf/shogaikoku-hikaku.pdf（2015.2.2

は、社会や他者に生活の支援を受ける「社会的弱者」として差別の対象ともなってきた。「保護」と「差別」は、一つの事象の表と裏であり、両義的なものとして存在している。そうであるからこそ、新自由主義的な発想のもとでは、「差別」を禁止するかわりに、「保護」をしない（＝セーフティネットを用意しない）という競争原理を活用した政策が成立することになるのであり、またその一方では、EUのように、「年齢差別」の解消よりも「保護」を優先する方策がとられることとなる。

本章では、「青壮年」／「高齢者」の区分について触れたが、「エイジズム」の解消・年齢差別禁止の法制はこの範囲に留まるものではない。年齢差別禁止に関する法制度の本来の意味に立ち返ってみると、その理念が高齢者の「雇用保障（生活保障）」にあるのか、あるいは（高齢者に限らない）すべての人にとっての「年齢を理由とする不合理な雇用差別の禁止（人権保障）」にあるのかという問いが生じることになる（奥山［1995］）。

アメリカにおいてもEUにおいても、雇用における年齢差別禁止にともなう諸々の施策は、年金ではまかないきれない高齢者の生活（雇用）保障策として機能しているが、法・制度成立時には権利保障が謳われている。そして、ここで掲げられた理念は、「世代間葛藤」を超えたあり方に基盤を提供するものとなっている。すべての人にかかわる「年齢」というカテゴリを用いた差別の禁止という権利保障の理念に従えば、「定年制」による雇用の年齢制限のみならず、「年金」という生活保障における年齢制限も検討の対象とする必要がある。雇用における「年齢差別禁止」は、年齢制限のない生活保障策と両輪となってこそ成立しうるのである。

⦿——「働きたい人が働きたいように働ける」社会

本章ではエイジズムおよび年齢によるカテゴリ化をめぐるせめぎあいを観察した。産業化した近代資本主義社会は「勤勉に働く」という労働倫理とともにあり、「働けない・働かない」ことを逸脱あるいは下位に序列づけてきた。ここでいう「働く」ことは雇用労働と等値であり、「年齢層」という区分が「高齢者」を雇用の場から一律に周辺化・排出してきた。しかし、EU諸国の事例が示すのは、一定年齢の区分線の前後に位置する困窮者を手厚く支援することで、その区分線を事実上相対化しつつあるという事象である。これは、定年・年金受給を一つの区分線とする「年齢層」の変容の過程といえよう。

われわれは近代社会の「働ける／働けない」という二つのありようを生みだす労働規範にそって生成した「年齢層」と、その帰結として生まれるエイジズムを問題にしてきた。本章で記述した労働市場から排出された「高齢者」に対する老齢年金等の公的所得保障は、少子高齢化にともない財源不足の危機に直面している。この危機に対して「長く生き、長く働く社会」（OECD〔2006〕）が提唱されている。これは「生きること」と「働くこと」がセットになった、まさに近代的労働倫理を体現した理念である。このように「働く」ことによる自立を規範とする社会は、「働けない」ことを各人に帰責するが、そもそも「働かない」という選択肢のない社会でもある。現役世代としての「青壮年」は雇用労働者として「働く」以外になく、「働かない」という選択肢はない。「働く」ことを相対化し「働かない」ことへの選択可能性を拓くことが、「働けない」ことを一律に周辺化し差別しつづけてきた近代社会への新たな問い直しとなるだろう。

第8章では「高齢者」が社会的役割を遂行していく「主体的な高齢者」たりうる様相が記述される。「(雇用労働者として)働けない」と意味づけられた「高齢者」に「働く/働かない」選択肢を再度準備し、多様な主体のあり方への道を拓くのは年金という所得保障である。それは翻って、「働ける(=働く以外にない)」と意味づけられ「働かない」という選択肢のない「青壮年」にも、雇用労働以外の選択肢、複数の主体化の可能性を暗示する。「働く」ことだけを自律的・自立的な主体性とみなす社会は、そうではない者を周辺化してきた。それが「青壮年/高齢者」を分かつ年齢カテゴリの創出であった。だが、たとえばベーシック・インカムのような年齢制限のない生活保障策は、年齢カテゴリを超えて雇用労働者として「働く/働かない」選択を可能にし、選択的で多様な主体のあり方へと道を拓くだろう。

「世代」のパート(第7・8章)では、「ケア」のパート(第4—6章)にひきつづき「主体化」の概念を見出すことができる。「差別」と「保護」という両義的なあり方で有徴化される「高齢者」を描いており、「差別される」「保護される」受動的な「客体」のありようからどのように「主体」たりえるかに焦点化して考察している。この受動的な「客体」から「主体」への変更を可能にするのがカテゴリの更新である。

こうしたカテゴリの更新としての「主体化」は、しかし、それ自体もまた両義的であることに注意する必要があろう。前節でも述べたように、「差別」を超克し自立的・自律的な主体として社会参画をする、社会生活の権利を確立するという、いわば積極的な側面は歓迎され強調されやすい。だが、その一方で「保護」を乗り越えることで自由競争のなかに投げ入れられ、意図せずして社会活用される存在にもなりうるという、対比的にいえば消極的な側面を併せもつ。換言すれば、保護の対象となる依存的客体から、自律的・自立的であるために支援を求める主体として布置されてなお、自由競争の別様のカテゴリにおいて「活用」の対象となることもありうるのである。「主体化」のもつこのような両義性を私たちは知らなければならない。

さらに付言すれば、こうした「主体化」とカテゴリの更新の過程においてさえ、「支援を得て可能になる主体性」というカテゴリが生成しうることに敏感になるべきであろう。「追加的に主体となる者たち／つねにすでに主体である者たち」、前者は後者によって有徴化され指さされることでカテゴリ化されるが、それは序列化と隣りあわせである。後者が前者を「保護」の対象とすることは、すなわち序列づけて配置することにもなりうる。カテゴリの更新の検討は、このようなカテゴリの「意味づけ」の更新を記述してきたものであったことを確認しておきたい。

●注

＊1　これらの二つの見方については、佐藤・岡本（［2014］177-179）でも触れられている。

＊2　同じ年齢層で同じ体験をする世代概念を、二十世紀初めの社会学者マンハイムは同時的共存の現象として説明する。「諸個人に、社会的・歴史的生活空間における特定の状態を与える結果、彼らの経験の可能性を一定範囲内に限定」し、「行動・感情や思考の確定した仕方を求める性質が備わることになる」という（Mannheim［1928］＝［1976］173-175）。社会学の分析概念「コーホート」は「一定の時期に人生における重大な出来事を共通に体験した人びとの集合」を示す。出生の時期を同じくする人を「出生コーホート」と呼ぶ。二つ目の「世代」のとらえ方をより詳細に整理した見方といえる。

＊3　なお、アメリカにおいても、一九四〇年代後半から五〇年代生まれのベビーブーマーの定年退職は社会的な課題とさ

れている。

＊4　たとえば、読売新聞社が二〇一二年九月に六十～七十歳代の高齢者世代二百人と二十～三十歳代の若者世代二百人を対象におこなったネットアンケートでは、「若者と高齢者の間で社会保障などに関し、格差が広がっていると思うか」との質問に、「そう思う」（「どちらかといえばそう思う」を含む）と答えた若者は九一％、高齢者世代でも七八％で、世代間格差は世代を超えて広く認識されていた。また、「深刻だと思う格差」（二つまで選択）について一番多かったのは両世代とも「受け取れる年金額」で、次が「税金や社会保険料などの負担」だった。

加えて、若者世代からは、「今の高齢者は景気がよい時代に仕事をして、若者は景気が悪い時代に仕事をすることになる。若者は、十分な年金を受給できる保証がなく、税金の負担も重くなり、明るい未来が想像できない」（三十歳男性・正社員、同意見複数）といった声や、「団塊世代は、退職金、年金も多くて恵まれている。この世代を支えるために、今後、若年世代の負担はさらに増加する。団塊世代の資産に応じた税負担を検討すべきだ」（三十四歳女性・正社員）といった声が寄せられている（読売新聞二〇一二年九月二十五日「広がる世代間格差」）。

＊5　サラリーマンの妻などは任意加入であり、正確には「皆」保険ではない。

＊6　労働力人口に占める雇用者の割合は、一九五三年の四一・三％から二〇〇六年には八二・二％に増加している（総務省『労働力調査』各年）。

＊7　退職のほかに世帯構成や社会関係も困難な状況の招来に関連することも分析されている。

＊8　『朝日新聞』二〇一五年五月二十一日「サラリーマン向けの厚生年金、お坊さんも？」。

＊9　自死の統計をみると、高齢層の自死死亡率（十万人あたり）は五十歳代二九％、六十歳代二六％、七十歳代以上二七％で、全体の死亡率二一％を上回っている（内閣府自殺対策推進室・警察庁［2014］16）。

＊10　六十五歳以上の高齢者の貧困率は、厚生労働省の発表によると男性一五％（勤労世代男性一四％）、女性二三％（同女性一五％）（厚生労働省［2011a］）、細かくみると男性は六十五歳代後半一六％から八十歳以上二三％に、女性は同じく一九％から二八％に上昇する（内閣府「平成二十三年版 男女共同参画白書」）。

＊11　生活保護率は全体が一・六％、六十歳代前半二・四％、六十歳代後半二・七％、七十歳以上二・六％である（厚生労働省

[2011b])。

*12 「高齢者」に否定的なまなざしを向ける「エイジズム」については、異論もあるだろう。とくに日本では、「高齢者」は尊重され、敬われる存在として考えられてきた。いわゆる「敬老」文化である。国民の祝日として制度化された「敬老の日」は、その象徴ともいえる。しかし、「エイジズム」とは相容れないようにみえるこの「敬老」文化にも、加齢による違いを自明のものとし、「年齢」を基準に一定のカテゴリのなかに人びとを囲い込む「偏見」が含まれている。この点からすれば、「敬老」文化は、われわれの認識の奥深くに根ざす「エイジズム」を露呈するものともいえる。

*13 しかし、これらの政策は「年齢差別解消」を標榜しつつも、その実、「高齢者」を「七十歳現役」として雇用労働政策のなかに組み込もうという意図が存在していたことから、単純な「エイジズム」解消への取り組みとは言いがたい。

*14 ただ、この法律の制定には中高年齢者の失業対策という意図があったため、適用対象に四十歳以上（一九八六年に上限は撤廃）という限定が設けられており（玄幡[2005]）、青壮年層に新たな年齢差別を生じさせうることが指摘されている（奥山[1995]）。

●文献

ＯＥＣＤ編著、濱口桂一郎訳[2006]『世界の高齢化と雇用政策――エイジ・フレンドリーな政策による就業機会の拡大に向けて』明石書店

Mannheim, K. [1928] "Das Problem der Generationen," *Kölner Vierteljahrshefte für Soziologie* 7. (＝[1976] 鈴木広訳「世代の問題」『マンハイム全集3　社会学の課題』潮出版社、147-232)

Palmore, Erdman Ballagh [1990] *Ageism: Negative and Positive*, Springer Publishing. (＝[1995] 奥山正司・秋葉聡・片多順・松村直道訳『エイジズム――優遇と偏見・差別』法政大学出版局)

有森美木[2007]「先進各国の公的年金制度と高齢低所得者対策」『海外社会保障研究』158: 45-59

奥山明良[1995]「高齢者の雇用保障と定年制問題――アメリカの年齢差別禁止法との比較で」『成城法学』50: 33-58

荻原勝[1984]『定年制の歴史』日本労働協会

玄幡まみ［2005］『年齢差別――仕事の場で何が起きているのか』岩波書店
厚生労働省［2011a］「平成二十二年国民生活基礎調査」（2015.5.20 取得、http://www.mhlw.go.jp/toukei/saikin/hw/k-tyosa/k-tyosa10/）
――［2011b］「被保護者全国一斉調査結果報告書（基礎調査）」（2015.5.20 取得、http://www.mhlw.go.jp/toukei/list/74-16.html）
櫻庭涼子［2014］「年齢差別禁止と定年制――ＥＵ法・英国法の展開を手がかりに」『日本労働研究雑誌』56（６４３特別号）：31-40
佐藤博志・岡本智周［2014］『「ゆとり」批判はどうつくられたのか――世代論を解きほぐす』太郎次郎社エディタス
白波瀬佐和子［2002］「日本の所得格差と高齢者世帯――国際比較の観点から」『日本労働研究雑誌』500: 72-85
内閣府自殺対策推進室・警察庁［2014］「平成二十五年中における自殺の状況」（2015.5.20 取得、http://www8.cao.go.jp/jisatsutaisaku/toukei/h25.html）
野田博也［2007］「アメリカの補足的保障所得（SSI）の展開――就労自活が困難な人びとに対する扶助の在り方をめぐって」『海外社会保障研究』160: 130-135
濱口桂一郎［2014］『日本の雇用と中高年』筑摩書房
堀江奈保子ほか［2008］「高齢期の所得格差をどう考えるか――求められる所得のセーフティネットの再構築」『みずほ総研論集』2008(3): 3-58
村上貴美子［2000］「年金給付にみる配偶者概念と女性の年金権自立」副田義也・樽川典子編『現代家族と家族政策』ミネルヴァ書房、195-215
山本真生子・齋藤純子・岡村美保子［2013］「諸外国の公的扶助制度――イギリス、ドイツ、フランス」『調査と情報』789: 1-13

第8章

世代間経済格差と世代間共生

――共生策としての共助

和田修一

⦿――日本の公的年金制度をめぐる今日的問題

日本の公的年金制度は、勤労世代が退職世代の生活を支援するという「賦課方式」に財政上の「積み立て方式」を組み合わせた年金制度であることは周知の事柄である。しかし一方で、「基礎年金部分」においては保険料納入期間によって給付額が左右され、また「所得比例部分」においては所得額に応じて決定される保険料納付額に比例して給付額が左右されるという特性からすれば、「保険方式」としての特性も併せもつ制度だと国民が感じたとしても不思議ではない。つまり、国民目線からすれば、現在受給している年金は（その受給額も含めて）これまでに納入してきた社会保険料に対して供給される生活保障便益であり、それを受け取ることは当然の権利であるという認識である。こうした国民感覚は供出（ギヴ）に見合った獲得（テイク）を期待する等価交換的観念であり、交互作用において互酬性を期待する観念である——あとに触れる「世代会計」は国民と政府とのあいだに互酬的交換関係が成立することを前提にした財政論である。日本の人口構造に現れた少子高齢化現象がいよいよ厳しい段階を迎えている今日、この混合方式を採用した日本の公的年金制度の構造特性から、年金制度の維持負担とそこから得られる便益受給の間のバランスをめぐって深刻な世代間格差の問題が生まれつつあるとされているのである。

少子高齢化という人口構造の変化に直面している日本の公的年金制度に関しては、国家財政の健全化を目指す財政論・政策論のようなマクロな視点からする議論がある。この会計問題への対処としては、たとえば二〇〇四年の制度改正のさいに導入されたマクロ経済スライドという施策がある。賦課方式の考え方からすれば年金の給付水準は勤労世代の経済生産性に依拠するのであり、政府の推進するマクロ経済スライドの導入による給付水準の決定という方策は、少子高齢化という人口構造の変化に対処するうえでの「入るを量りて出るを為す」施策である。

この施策は、今日の年金給付水準を維持するために借金財政を続けることは将来の年金世代の年金給付額が大幅に削減されざるをえない結果となるという「世代会計」の主張（島澤・山下［2009］）にもそった施策であり、公的年金制度を維持していくうえで、したがって将来年金受給者となる世代の老後生活の安定化にとって不可欠の施策であるといわれている。しかし、「年金受給者の生活」からするならば、政府が公表（あるいは、約束）していた社会保険料の減額はある種の約束違反であるとも見なされうるであろう。

というのは、年金世代がかつて組み立てた老後の生活設計の実現を阻害する要因ともなりうるからである。

それぞれの観点はいずれももっともなものであるが、想定する議論の前提が異なるために、議論そのものが噛み合わないというもどかしさのあることも事実である。いずれにしても「国民負担を最小化する」効率性の視点並びに「国民の受益と受苦を均等化する」という公正性の観点からすれば、改革のすすむべき方向性はだれが考えても大差ないのであり、高齢者の生活をそれなりの水準で維持することは当然として、さらに「若年・将来世代に無理な負担を求めないようにすることに尽きるのだ」（小塩［2012］195）ということになるであろう。

こうしたことはあらためて指摘するまでもない事柄であるように思われるかもしれないが、しかしこの問題は「かつての勤労世代（今日の年金世代）」と「現在の勤労世代（将来の年金世代）」のあいだの（利害関係の調整を含む）世代間関係の調整――時間軸上の調整――という難しい問題を含んでいるのである。というのも世代間関係という事柄は、それぞれの「世代」が直面した歴史的経緯からする時代効果の視点を抜きにしては問題の核心をとらえることはできないからである。

日本の人口構造においては、現在いわゆる前期高齢期にある「団塊世代」（一九四七～四九年生まれ）の人口が突出して大きく、この世代への対応が日本の社会保障制度が抱える大きな問題であると指摘されてきた。年金受給者の人口が大きくなることはそれだけの財政支出の拡大が不可避であるから、団塊世代への対応が深刻な問題であることは、事実である。しかし、日本の年金問題を考えるうえでは、その子どもたちにあたる「団塊ジュニア世代」（一九七一～七四年生まれ）の動向を中心に考察する必要がある。

たとえば厚生労働省のサイトにある「日本の人口ピラミッドの変化」（**図１**）によれば、「団塊世代」が勤労世代（二十歳～六十五歳未満）であった一九九〇年時点では、高齢世代に対する勤労世代の人口比は五・一であったが、「団塊世代」が高齢期に達した二〇一三年時点では二・三となり、そして「団塊世代」が後期高齢期に達する二〇二五年時点では一・八となることが推定されている。さらに、少子高齢化の影響に関する話はこれで終わりではない。**図１**のなかに示されているように、「団塊ジュニア世代」が後期高齢期に達する二〇六〇年においては、この値は一・二にまで減少することが予想されているのである。つまりは、この年代に至るまで日本は少子高齢化が生みだす困難な状況――すなわち、ほぼ一人の勤労世代によって一人の年金世代の生活を支えなければならないという状況――におかれるということである。こうした人口構造の下では、「団塊ジュニア世代」の老後生活は「団塊世代」のそれ以上に厳しいもの

図１　日本の人口ピラミッドの変化

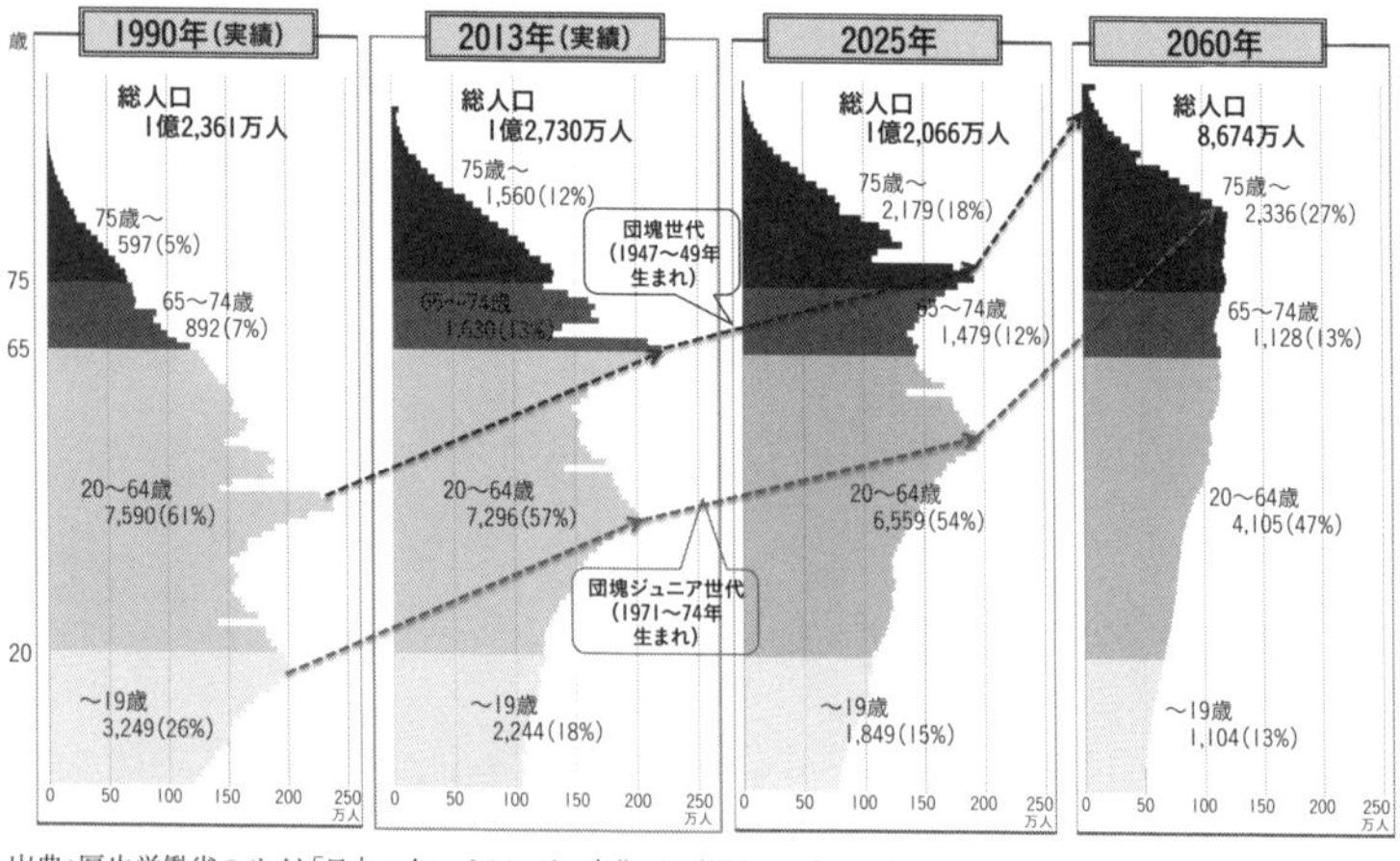

出典：厚生労働省のサイト「日本の人口ピラミッドの変化」を再掲（キャプション部分を除く）
http://www.mhlw.go.jp/seisakunitsuite/bunya/hokabunya/shakaihoshou/dl/08.pdf

になる可能性を否定しえない、ということである。そして、問題はたんに人口比に表れるものだけではない。

その問題は、「団塊ジュニア世代」のライフコースのなかに示されたつぎのような歴史的経緯のなかに表れている。まず、その世代が生まれた時代は、日本の高度成長の最終段階にあたり、その後も日本の経済は高い生産性を維持したあとに一九八〇年代のバブル期と九〇年代のバブル崩壊という歴史的出来事を体験したことは周知の事柄である。ということは、その世代はきわめて豊かな子ども時代と青年期を過ごしたあとに、その壮年期が長引く経済不況の時期と重なってしまったということを意味している。こうした経済状況の変化を体験したことがこの世代の出産・育児に対する考え方に大きな影響を与えた可能性は否定できないであろう。事実、「団塊ジュニア世代」の子どもの世代の示す人口構造では、**図1**のなかに示されているように、「団塊の世代に対する団塊ジュニア世代」というような人口の「かたまり」は存在していないのである。その影響のあり方に関しては、たとえば不況下の経済環境では自らが受けた養育環境に匹敵するだけの子育てができないと「団塊ジュニア世代」が考えた可能性は否定できないかもしれない。しかしむしろ、自らの経済生活に対する不満・不安、ならびにその不満・不安からくる経済的キャリアへの関心の増大を原因とする出産・育児に対しての消極化が（不本意ながらも）生じてしまったのだと推察することもできる。だとするならば、きわめて皮肉なことに、「この世代」は直面する経済的に困難な時代状況に対応する方策を志向したがゆえに、さらに困難な老後生活を招く可能性を生みだしてしまった可能性があるのである。

さらに、「団塊ジュニア世代」の老後の経済生活を考えるうえで考慮すべき重要な事柄がいま一つ指摘できる。それは、その世代の経済活動がもっとも活性化される壮年期が長引く経済停滞期に重なってしまったという点である。（たとえば個人年金等の）老後生活への備えは、多くの点で中年期からとりかかる必要があるが、こうした経済的備えをおこなううえで、直面している経済停滞が大きな足かせになってきた——そして、依然として困難である——ことは看過できない。この問題に関しては、現政府も祖父母から孫の世代への経済的移転を活性化する減税政策を実施しているが、いずれにしてもこの世代の人びとは自らの老後生活への不安を抱えながら、その親の世代である「団塊世代」を含む年金世代の経済生活を支えているし、これからも支えつづけざるをえない、ということになるだろう。これらの問題に加えて、世代会計の議論からすれば、日本政府がこれまでどおりの赤字体質を改善できないときは、「団塊ジュニア世代」をはじめとした勤労世代は、今日年金を受給している世代に比べてはるかに劣悪な年金しか受給できないことが予測されるという（島澤・山下［2009］）。というのは、財政会計上では、年金世代の受益は現役世代の負担となるゼロ和的関係がなりたつからだといわれているが、少なくとも会計計算のうえでは二つの「世代」の利害は対立するのである。

⊙——世代間格差問題の経済と社会

世代間格差を考えるとき、しかしながら、われわれは一つのパラドクスに直面することになる。すなわち、今日の社会は普遍的・平等主義的な市民権の重要性を強調する民主主義理念にもとづく政治制度に立脚しているのであるが、そこでは（経済効率性の帰結としての）経済的階層分化と民主主義的市民権のいう平等主義のあいだには恒久的な緊張を伴う矛盾が存在するのだ、というパラドクスである。その結果、人びとは政治制度の次元で保障された機会均等の自由と日常の経済生活のなかで体験する剥奪（感）や搾取（感）の間の矛盾に対面せざるをえない、ということになる。そこで人びとは、市民的権利を主張するさいのイデオロギーとしての「互酬性」規範を用いて、豊かな（あるいは、まともな）経済生活を享受すべく政府に請求するようになる。互酬性とは、人びとのあいだで形成される社会的関係性について、最終的には損得が（公平性の観点からして）等価であるべきだとする規範である。こうした価値基準が社会的規範として働く背景には、市民と行政府のあいだには一種の等価交換が成立している（あるいは、確立されるべき）という理念が存在するからである。

こうしたことを考慮に入れるならば、今日の社会保障制度とは自助理念のうえに打ち立てられた共助制度であるといえるだろう。高齢者の場合も、子ども世代の家族の一員となることが一般的であった時代には、その生活支援は子どもの家族のなかで完結するという意味で、家族内共助を前提にしたある種の自助制度であると意識されてきた。しかし、公的年金制度をはじめとした社会保障制度が成熟するにつれて、そして子どもの家族が果たすべき（経済的）機能に対する人びとの意識が変化するにつれて、自助努力は社会的共助の制度の下での個人努力であるとする社会意識が強くなってきたように思われる。言い換えれば、高齢者生活にかかわる社会保障制度に関しては、親子関係という紐帯に基礎をおく共同体的共助を、勤労世代から高齢世代への行政が媒介する所得移転という社会的共助制度へとその性格を変更したものだともいえるだろう。こうした社会的共助制度は平等主義的分配正義という理念を追求するための手段ではあるが、今日の高齢化現象のもとで大きな問題に直面することになった。

それは、共同体的親子関係においては子どもの世代にとって生活を支援すべき親は身内という限られた存在であったが、近代的社会保障制度はおたがいに匿名的な存在のあいだに成立する所得移転であるから、その制度においては世代間所得移転の規範を平等主義的互酬性規範のなかに求めざるをえなくなった、という問題である。すなわち、この規範の下で現状の社会保障的所得移転を見るとき、勤労世代のあいだに一種の不公平感を醸成する状況を生みだす可能性が存在するのである。この不平等感は一種の逆差別意識でもあり、高齢者社会保障制度が整備されはじめた一九七〇年代において抱かれていた「高齢者の生活を積極的に支援しようとする意識・態度」が、逆に「高齢者は優遇されすぎだ」とみなす意識に変容したと考えられているのである。たとえば、今日のアメリカ社会では高齢者の身体的・精神的・社会的・経済的特徴が顕著に向上してきたうえに、高齢者のために設けられた福祉的プログラムやサービス・プログラムが数多くあるので、これらの施策が実施している世代間所得移転は高齢者を優遇する逆差別だと批判する意識が増えてきた、というのである（和田［2012］［2013］）。

日本においては財政の健全化を図るための社会保障制度の改革ということが喫緊の問題としてクローズアップされつつあるが、こうした問題解決のための施策が必然的に世代間関係の軋みに繋がることは大いにありうることである。たとえば、マクロ経済スライドの導入のように、年金受給資格者の数（割合）が増大するならば、個々の受給金額を減額し、政府支出に占める年金給付の額（割合）を減少させることができるはずだ、という見解は当然存在する。また、勤労世代の経済的負担を軽減する施策として定年年齢を引き上げることによる年金受給年齢の引き上げを主張する見解もみられる。こうした見解に全面的に反対するものではないが、ただこの施策は勤労世代の不満を増大こそすれ、軽減することにはつながらないということに留意しておく必要がある。というのは、こうした施策によって不利益を被るのは今日の年金受給者ではなく、将来の年金受給者となる今日の勤労世代の人びとだからである。そもそも世代間人口比が極端に変化しつつあるということが諸問題の根源にあるのである。

いいかえれば、社会保障費の歳出削減に関しては、われわれの政治制度である民主主義政治のあり方についてのパラドクスに直面することになるのである。それは、経済上の権利や特典は仕事からの引退によって大きく制限されることになるが、仕事から引退したからといって（投票権等の）政治的権利に直接的な影響を及ぼすわけではない、という民主主義社会の政治的原則である。高齢者の負担を増大させる、あるいは給付を削減するといった施策は、当然のことながら、年金受給者の不満を増大させ、その施策を決定した政府に対する批判が投票のさいに示されることは大いにありうることである。かつては——高齢者の数がそれほど多くなく高齢者人口の割合も小さかった時代では——高齢者は自らの老後生活を安定化するための福祉制度構築を推進するために社会のなかに蔓延する偏見（エイジズム）と闘う必要があったのだが、今日では偏見を解消することよりも既得権益を守ることが目的化するかもしれない。[*1]

もっとも、日本の高齢者はそれほど政治的ではないかもしれない。しかし日本も議会制民主主義的政治体制を有している点ではアメリカ社会と共通しているのであり、政治が有権者の大きな塊としての高齢者集団に目を向けた政策に固執せざるをえないことはありうることである。そして、こうした状況が年金制度を支える側の不満を増長し、その結果、年金受給者の側とのあいだに新たな対立構造が醸成されるという可能性は否定できないのである。こうした考えにもとづいて、分配正義にかかわる世代間の利害葛藤を抑制し年金世代と勤労世代の間の協働関係——一般的な生活領域にかかわる協働関係——の構築を目指すことによって、自助努力や（社会保障制度といった）公助の制度の存在を前提としたうえでの世代間の利害関心を満足する共助の仕組みを模索することを本章の目的としたいのである。

⦿——公的年金制度と世代間利害関係

経済領域に限らず、互酬性は近代社会における人びとの社会統合を成り立たせるうえで不可欠の社会規範でもあると理解されている。社会保障制度（ひいては「福祉社会」という理念）の構築と運営に関しては、政府と市民のあいだに互酬的な契約が成立している、とする解釈が一般的である。その前提にもとづいて、制度維持のための負担義務を市民が担い、そして市民は制度の定める規定にもとづいて便益を得る権利を有するという互酬的契約関係である。

もちろん、こうした契約関係は政府と市民のあいだで具体的に取り交わされているものではなく一つの社会的虚構（フィクション）であるが、それは平等主義人権思想とともに福祉社会が構築されるうえで不可欠な理念だといってよいだろう。たとえば、依存人口という社会統計上の範疇に属する就労前世代と退職年金受給世代もまた、「互酬的権利と義務」の枠組みの埒外には属さない。就労前世代は将来において制度維持の責務を果たすことが期待される世代であり、年金受給世代はかつて制度を維持するための責務を果たしてきた結果として年金を受給されると解釈される世代なのである。

保険方式と賦課方式の混合形態である日本の公的年金制度は「政治的決定手続きによる所得の再配分」という社会保障制度に共通する特性を有するのであるが、一方で公的年金制度の運営はその他の社会保障の運営とは異なった特殊な性格を持たざるをえないのである。このことは社会保険制度の場合と比較してみると容易に納得できるであろう。

一般的にいって、社会保障制度を担う主体（ステークホルダー）のあいだに形成される関係性のなかには対立する利害関係が多かれ少なかれ含まれていることが観察される。たとえば、健康保険制度において保険料を納める義務は（扶養対象者以外は）すべての加入者に課せられている義務であるが、保険料納入額（負担）に対する保険料給付額（便益）の相対的大きさからすれば、疾病や障害を負いやすい高齢者の受ける便益は勤労世代の負担によって支えられているといっても過言ではないだろう。しかし、保険制度に表れる利害対立に関しては、その関係性の特性からして、一定の制度的対応策が想定されうることが知られている。

たとえば、公的保険制度の運営にかかわって生じている利害対立の構造とそれへの制度的対処を保険・医療の経営学的視点から論じている尾形［2005］は、エイジェンシー理論の枠組みを用いることによって、かつて小泉政権下でおこなわれた「三方一両損」といわれる（利害調整による）医療保険制度の改革について議論している。そこでは、日本の医療保険制度を構成するステークホルダーである「保険者（雇用主・

政府)」「患者」「医療機関・医師」の三者間の関係性をレフェリー役の「政府」が調整する管掌図式を描いたうえで、政府によるこの三者関係の調整施策として採用された三方一両損的施策は、その三者関係をプリンシパル/エイジェント関係として規定することにより理解可能であるという考え方を提示している。市民を利害関係におけるプリンシパルであると位置づけたうえで、レフェリー役である政府が保健医療制度における収支構造を改善するための経済的互酬性規範による負担の配分調整(プリンシパルである市民にも負担を強いる三方一両損的調整)が可能になったのだと論じている。ということは、医療保険制度の運営には政府による指導・統制が不可欠の要因であるが、それは政府がレフェリー役として位置づけられうるからである、ということになる。

こうしたステークホルダー間の関係枠組みのなかで年金制度を考えてみると、医療保険制度の場合とは異なって、年金制度の場合には政府はその制度を構築する当事者の一つとならざるをえない——つまりステークホルダーであり、かつレフェリーたらざるをえない——のである。なぜならば、一つには、高齢者に供与される年金はそのすべてを国家財政のなかから支出され、その財源は在職者の所得のなかから強制的に国庫に納められたものであり、国家財政の運営は政府に委託されているからである。[*2] そして二つには、医療保険制度における保険者のような、民間(あるいは、半民間)にあって保険料納付と医療サービスの間の仲立ちをするような第三者的ステークホルダーが存在しないからである。ということは、民主主義の理念からすれば市民はプリンシパルであり政府はそのエイジェントであるべきだが、しかし経済財の移転構造からするならば(その移転内容は一方的に政府が決定するという意味で)、政府と市民の関係性をプリンシパル／エイジェント関係とみなすことは難しいのである。

以上の考察にもとづいて、日本の公的年金制度を構成するステークホルダー間の関係性を図示すれば、**図2**のごとくになるだろう。この図に関しては、つぎの点に留意したうえで提示されたものであることを述べておきたい。まずは、年金受給世代と勤労世代（就労前世代を含む）のあいだの「対立的利害関係」についてである。ここでいう対立的利害とは、本章の冒頭で述べたごとく、「さらなる少子高齢化のなかで膨張しつづける社会保障費にたいしてどのように対応していくかという会計上の問題」から導出される「社会保障制度を維持するうえで必要となる国民負担と社会保障便益の受益のバランスをめぐる世代間格差が拡大しつつある」という社会保障制度をめぐる対立的利害の構造である。

社会保障制度とは（理念にもとづく）所得再配分の制度である。したがって、少子高齢化による高齢世代の増加や経済成長率の停滞といった状況のなかで、制度を支える側に負担感が増大し便益を受ける側に受給額への不満感に起因するある種の損得勘定の意

図2　年金構造における当事者間関係

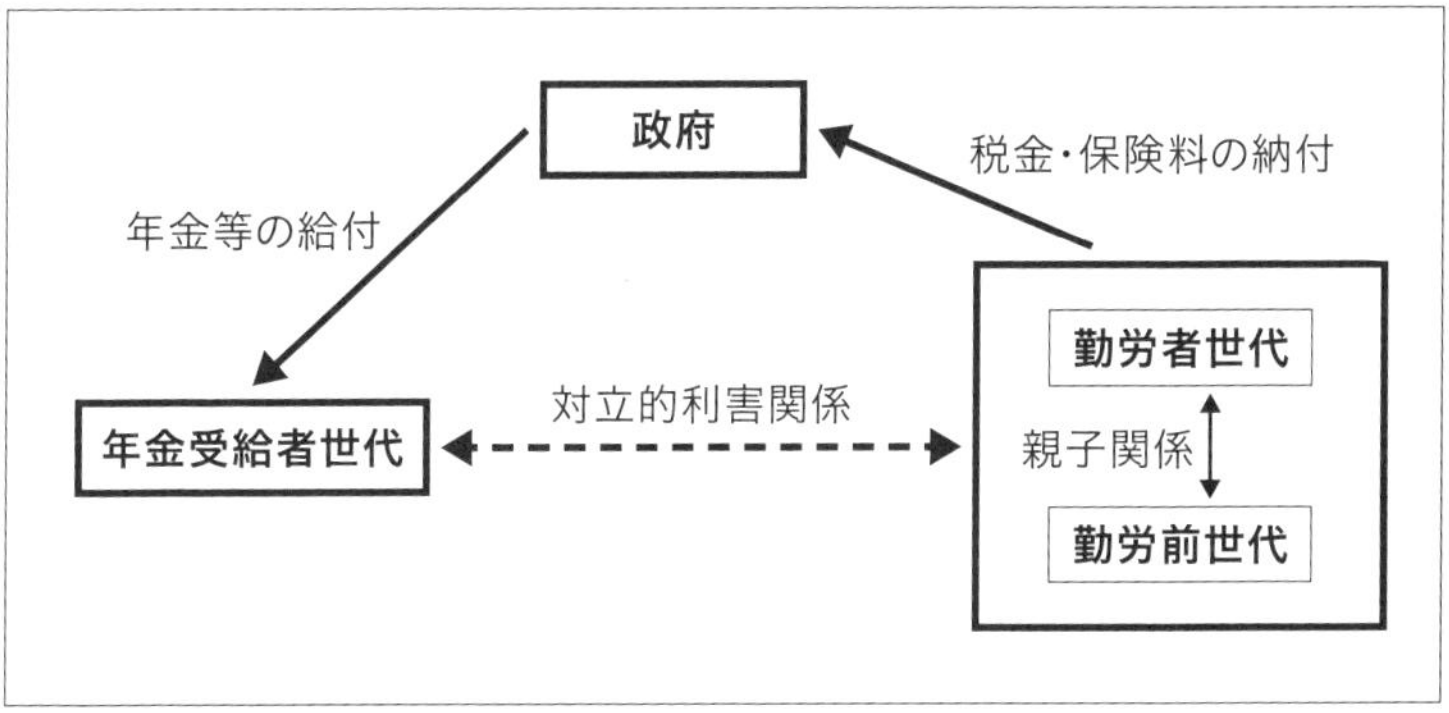

識が働くことはやむをえない。しかし、社会保障制度は近代社会の理念を制度的に担保するうえでの基本的存立構造として不可欠なのであるから、問題はその損得意識の不合理な膨張を阻止し、大方の納得できる範囲内で制度を維持していく方策を目指すということに帰着する、ということである。つまりは、若年・将来世代に無理な負担を求めないという条件の下で、高齢者にも満足のいく生活水準を保証できる施策を求めていく、ということが要点になるだろう。

年金をめぐって生じる世代間利害の対立構造は、所得の再分配ならびに社会保障財源の使途をめぐる利害の対立であるから、経済自体がそれほど大きな成長を期待できない場合には、それはゼロ和的構造を呈するのである。ここで注意すべきは、そのゼロ和的構造というのは、会計システム上のマクロ現象であって、日常生活のなかで営まれる個々の世代間関係がゼロ和的利害対立を含むものになるわけではない、ということである。

そこで、世代間共生を考える場合には、この利害対立それ自体をなくするというよりは、その対立状況を与件としたうえで両者のあいだで互恵的関係を見出す、ということが趣旨となるのではないだろうか。そして、互恵的状況を構築するうえでは、互酬性を満足する互助的関係を構築することが一つの方途であると思われるのである。そして、この互助的関係は経済領域における助け合いではなく——なぜならば、経済的世代間助け合いはすでに社会保障制度のなかで充足されているから——、経済外の生活領域での助け合いになるべきだと思うのである。[*3]

経済と経済外とを問わず、こうした助け合いはかつて家族集団において親の世代と子どもの世代という間柄のなかでおこなわれてきた。社会保障制度はこうした共同体的世代間の助け合いをより一般的な社会制度へと昇華させたものである。社会保障制度はかつて高齢世代と勤労世代のあいだの世代間社会統合を高めるうえで大きな働きをしてきたのであるが、今日の少子高齢化状況はその統合機能を脆弱化しつつあるといってもよいだろう。だとするならば、世代間の共生を考えるうえで、人びとの価値意識の今日的あり方を前提とした「親子関係・祖父母孫関係」にかかわる規範価値を模索していくことが必須の要件であるように思われるのである。かといって、歴史の流れは不可逆的であるから、従前の家族内福祉の制度とは異なる新たなプログラムを立案する必要があるだろう。換言すれば、それは世代間共生を可能にする、世代間関係に関する新たな社会的意味づけを探求する、ということになろう。

⦿——世代間共生をめざして　その理論

本章で、世代間所得移転に新たな社会的意味づけを付与することによって互酬的関係性を構築することにこだわるのは、その意味づけが世代間の共生関係の構築を可能にすると思われるからである。経済財による反対給付が存在しないにもかかわらず財が移転する（ようにみえる）ことが成立する条件についてはつとに明らかにされてきた。

この経済取引の外で成立する経済財の移転の仕組みを、「愛」と「恐怖」による財の移転と象徴的な表現で表す経済学者もいる（Boulding［1973］＝［1974］）。愛による財の移転とは、たとえば贈り物のように他者との間の好意的関係のなかで財が移転する場合であり、恐怖による移転とは、たとえば税金の納付や強盗による強奪のように強権を背景として成りたつ関係において財が移転する場合である。こうした財の移転は定常の市場取引による移転ではないが、市場取引と同じように一般的に社会のなかでおこなわれているのである。

「愛による財の移転」がおこなわれるとき、その移転を可能にする社会関係が形成されていることに着目し、この関係性は「社会関係資本（social capital）」と名づけられた。自らの福祉・満足を達成するうえでの機能を有する個人主体の有する財あるいは能力を「個人的資本（personal capital）」とするならば、個人的な福祉追求においても個人的資本だけでは充分でなく、人は自らが形成した社会関係が有する資本としての機能を活用することによって自らの目的を達成しているのである、とする議論である（Coleman［1990］＝［2004］）。すなわち、社会関係資本とは、①社会構造のある側面からなること、②構造内にいる個人に［便益獲得に繋がる］ある種の行為を促す、という二つの属性を有する社会的関係なのである（Coleman［1990］＝［2004］475）。そしてその関係構造がもっとも安定的であるのは、それが制度化され、かつその制度のもとで社会的意味での互酬的関係が成立するという場合である。

こうした社会的資本の枠組みを用いて、年金制度から招来されている対立的利害状況を克服し世代間の共生関係を再構築する道筋は、勤労世代の視点から見て社会的資本としての機能を有する世代間共助関係を構築することによって構築できる、と考える。そして、社会関係資本としての世代間共助関係の構築を可能にする道筋は、高齢者の積極的参加の動機づけと高齢者活動の社会的有用性という二つの条件を同時に充足するために、**図3**で示したようなミクロ・マクロ連鎖の構造を可能にするものでなければならない、と主張したい。つまり、世代間共助構造においては、勤労世代がその個人的福祉追求の資源を年金受給世代とのあいだに形成される社会関係資本から獲得できるという条件と、そして高齢世代がこの社会関係資本の形成に参加することがその個人的満足を追求する手段となりうるという条件を、同時に満たす構造でなければならない、ということである。

制度構築の順序からすれば役割関係がまず構築され、その関係にもとづいて年金受給世代に対して役割期待が醸成される場合もあるだろうし、またその逆ということもあるだろう。いずれにしても重要な点は、勤労世代から年金世代への所得移転が社会保障制度の下でおこなわれているという状況のなかで、勤労世代の個人的福祉追求に有効な資源獲得のための道筋が高齢者とのあいだに社会関係資本として構築されるということであり、そして年金世代と勤労世代のあいだの関係が社会関係資本となるためには、年金世代が役割期待に応えうるネットワークを構築することが必要だ、ということなのである。こうした社会関係資本と

図3　世代間共生の構造

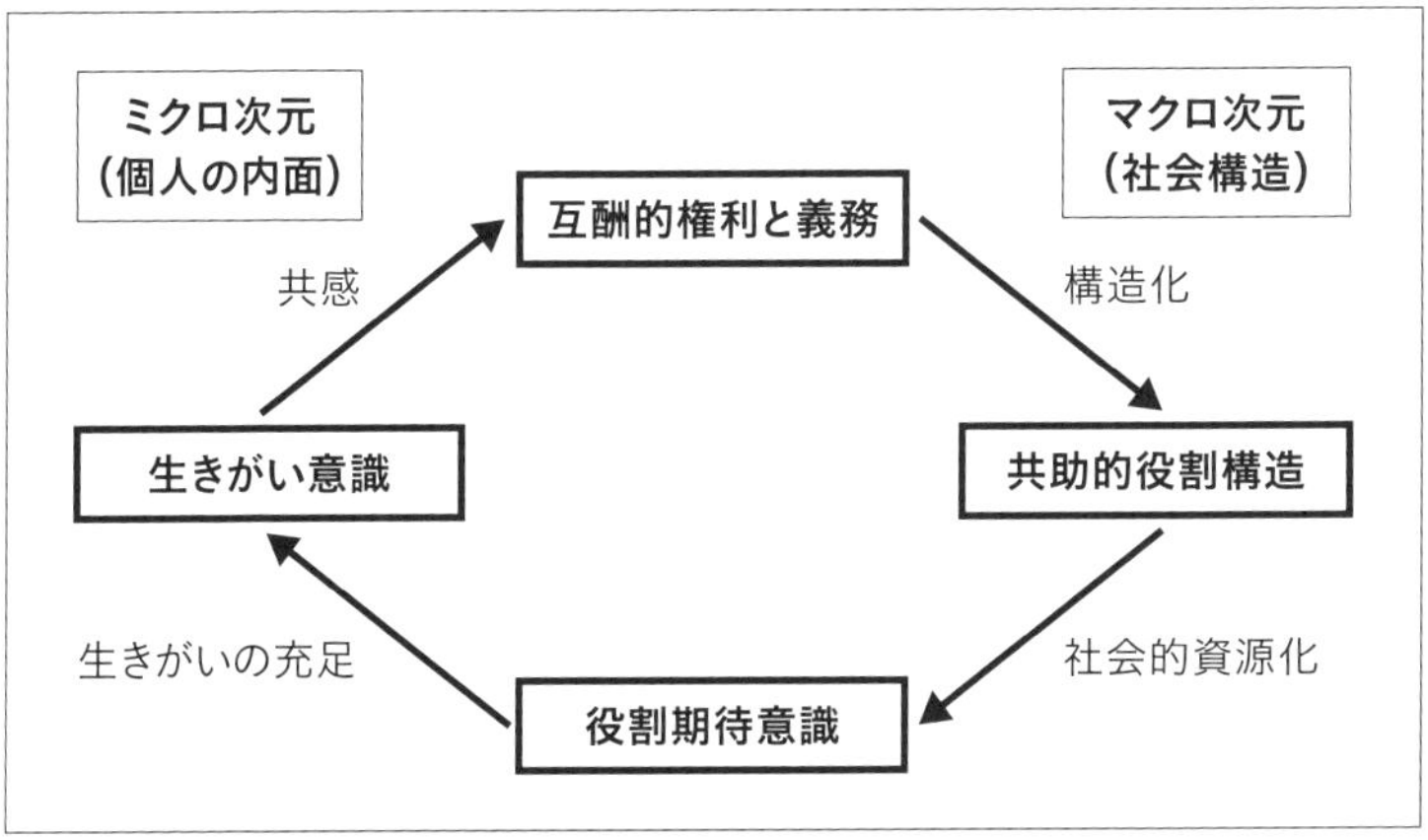

してのネットワークが構築されることによって世代間に互酬的役割関係を構築することができるのだ、ということである。

さらに強調したい点は、個人的な価値志向性としての生きがい追求の動機づけが規範的互酬性価値を媒介にして役割制度の構造化へと結びつけられる（ミクロからマクロへの）道筋は年金受給者の個人的選択によっておこなわれるのであり、これに対して、いま一方の役割構造から役割期待が勤労世代の意識に醸成される（マクロからミクロへの）道筋は、社会的資本を自らの福祉追求の手段として利用していく勤労世代の個人的選択によっておこなわれるプロセスを表したものである、ということである。いずれの場合も、もっとも原初的な動機づけは個人主義的なものである。個人主義的な利害追求が与件であるとき、人びとの関係が敵対的関係に陥ることを回避し当事者間に互恵的な帰結を生みだす方途の要件が他者の動機づけに対する共感であることはA・スミス以来、つとに知られている。本論では、勤労世代の所得の再配分によって所得を獲得する年金世代と自らの経済活動によって所得を獲得する勤労世代のあいだに、それぞれの個人主義的福祉を追求することへの共感が醸成されるのは、それぞれの福祉追求が「生きがいの追求」となる場合である、と主張したいのである（和田［2001］［2015］）。

生きがいの追求が世代間で共感を得る動機づけであるならば、その動機づけの実現をおたがいに可能とする条件を共有するための互酬的な権利と義務の意識がミクロ・マクロの連結を媒介する働きをするだろう。このことを確認したうえで、本章では、「世代間の共生」ということを、生きがい追求における「世代間の共助」関係の制度化という次元でとらえたいと思う。すなわち、社会次元で構造化されるべき役割とは、すべての世代の生きがい追求を可能にするものでなければならない、ということである。とくに、その役割構造は、互酬性の理念からすれば、（ワーク・ライフ・バランスといった）勤労世代における生きがい追求を可能にするものでなければならないだろう。つまり、この役割構造は高齢者世代にとっても勤労世代にとっても、その動機づけを満足させる機能を持たなければならない。そうであれば、この役割構造から形成される社会関係が社会的資本としての機能を有するのである。

こうした役割期待に応えることは高齢世代にとってどのような意味を有するのだろうか。それはまさに高齢者の生きがいとなる（和田［2001］［2015］）。というよりは、役割期待に応えること自体が生きがいなのである。老後生活ではしばしばアイデンティティの喪失感に悩むことが指摘されるが、その理由は、仕事役割や子育て役割の期待を喪失した高齢者がそれらに代わる役割期待を見出せないからなのである。こうした点からしても、他世代からの役割期待に応える行動ができるということは、新たなアイデンティティを高齢者が獲得することにつながることが期待されるのである。

⊙――社会的資源としての世代間交流プログラム

これまで議論してきた、世代間の互酬的共助関係の形成という問題に対する一つの試みとして、先進社会においておこなわれている「世代間交流」と名づけられた社会活動のプログラムを指摘したい。本論でいう「世代間交流」は草野氏のグループがいう「世代間交流プログラム」や、「世代間交流活動」という社会的プログラムでの概念を踏襲している。「世代間交流プログラム」とは「娯楽性・行事的な一過性のイベントとは区別される継続性を有し、体系的・組織的に展開されている世代間活動」のことである。ただし日本の実情をふまえて、「世代間交流活動」という言葉で表されている「イベント型の一過性の活動から学校や施設において継続的・体系的に展開されている活動」をも含めて議論の対象とするという考え方が用いられている（草野ほか［2009］v）。しかしながら、これまでの議論からすれば、互助の観点から世代間に共生関係を構築するうえでは、一過性の活動イベントではなく、継続的・体系的になされる活動であるべきことは明らかである。なぜならば、高齢者世代に対する役割期待が形成されるためには共助的な役割構造が制度化されることが必須だからである。

加えて、本章の議論からすれば、世代間交流プログラムは年金受給世代が果たすべき役割を明確に規定する必要がある。しかも、その役割行動はその他の世代の期待に応えるものでなければならない。すなわち、社会的資本の枠組みから世代間交流をとらえたとき、世代間交流は就労前世代・就労世代にとって社会的資本としての機能を有するものでなければならないのである。ここでいう「社会的資本としての機能」とは、経済資本が経済的価値を生みだす機能であるように、社会的価値を生みだす機能でなければならない。経済資本は、たとえば企業活動に投資されれば、配当金あるいは株価の上昇による含み益といった経済価値を生みだす働きをする。社会的資本とは、こうした働きをする社会関係のことである。つまりは、ある主体とのあいだに特定の関係を築いておけば、その主体が直接の見返りを条件とせずに経済的・社会的価値を提供してくれる、そういう関係性が社会的資本である。すなわち、世代間交流プログラムが勤労世代にとっての社会的資本であるためには、そこに参加する高齢者がそのプログラムのなかで形成する社会関係が勤労世代にとっての社会的価値を生みだすものでなければならないのは当然であり、ひいては一般的な社会関係にとっての新しい価値を提示するものであることが望まれるであろう。

こうした世代間交流施策の要件をもっともよく充足した具体的事例として、現在スウェーデンで実践されている「クラスのおじいちゃん」と呼ばれるプログラムがある（Boström［2011］）。このプログラムのなかでストックホルムの自治体によって学校が「クラスのおじいちゃん」と呼ばれる高齢者をボランティアとして採用する財政的援助がなされ、この助成資金を活用することで高齢者は子どもやその親、そして教師とのあいだに社会的資本としての機能を発揮するかたちでの関係性を形成した、という。すなわち、学校（ということは、教師）や社会（ということは、子どもの親）の立場からすると子どもたちの学習環境を向上するための人的資源（ということは、高齢者）が確保され、子どもの立場からすると話し相手や手助けをしたり、安心感を与えたりする役割を果たす結果になったという。つまり、高齢者が学校のなかで教師や子どもやその親とのあいだに形成した関係が社会的資本としての機能を果たした、ということである。

こうしたプログラムのなかで高齢者が果たす役割が子どもの親の世代にとって子育てのうえで大きな貢献をし、また教師の学校業務にとっても看過できない手助けを果たしていることが指摘されているが（Boström［2011］）、このプログラムについてはさらにつぎの点に注目すべきだと思う。一つには、この世代間交流プログラムが義務教育制度期間中の学校教育という環境を利用するかたちで実施されていることである。世代間交流のプログラムを実施する社会環境としては学校教育に限られるものではないが、義務教育ではほとんどすべての子どもが参加する（したがって、多くの勤労世代家族が対象となる）ことである。くわえて、このプログラムが生涯学習（lifelong learning）や生活学習（lifewide learning）プログラムの一環としておこなわれていることも注目できる理由の一つであろう。こうしたことからして、そのプログラムはあくまでも既成の諸制度の足らざるところを補い、それらの当事者の満足度を高めることを目的とするボランタリーな活動なのである。

⦿――世代間共助を可能にする社会的環境

以上論じてきた世代間共助のシステム――すなわち、勤労世代から年金世代への所得再配分（賦課方式による年金制度）による高齢世代の生活支援という制度的前提のもとで実施される、年金世代から勤労世代への世代間交流サービス提供（世代間で形成される社会関係資本制度）による勤労世代の生活支援という相互扶助のシステム――を具体的に構築するうえで必要となる社会的環境について触れて、本章を締めくくりたい。

世代間共助システムの基本的ねらいは、年金受給世代が勤労世代にとっての互酬的存在であることを内包する――あるいは、年金世代にそうした社会的位置づけを付与する――社会的カテゴリを、社会的通念として、強化することにある、といってもよいだろう。「現在の年金世代もまた過去に勤労世代であった」という事実だけでも互酬的存在であることを主張するうえで十分であるとする主張もありうるが、しかし、超高齢化社会における社会保障制度の財政的基盤を確保するうえで年金世代人口と勤労世代人口のあいだに極度の不均衡が生まれうる状況を考慮に入れるならば、年金世代の社会的位置づけを規定する「高齢者」という社会的カテゴリも変わらざるをえないのではないだろうか。本章では、広義に互酬性の意味をとらえる発想にもとづいて世代間に互酬的関係を構築する――換言すれば、勤労世代の所得再分配を促すに足る価値を有する社会関係資本を年金世代の社会参加によって構築する――枠組みを、理論的側面から、そして実例の紹介という視点から論じてきた。というのは、年金世代と勤労世代がおたがいの生活を支えあう共助関係を構築するうえで、おたがいを互酬的存在であると認めあうことが不可欠だからである。

こうした互酬性規範を二つの世代のあいだに形成する媒介要因として、われわれは社会関係資本がもつ規範形成の機能に着目した。社会関係のネットワークが社会関係資本としての機能を安定的に果たすためには、そのネットワークが閉鎖性（closure）を備えることが条件となると指摘されているが、その閉鎖性は同時にネットワーク内規範の成立条件でもある（Coleman［1990］＝［2004］）。「クラスのおじいちゃん」プログラムは、ポストラム論文のタイトル表現の一部である'from program to national association'にもあるように、現在は安定的な全国的組織として成立している――したがって、閉鎖的安定的構造を有する――ようであるが、このことは児童生徒の社会規範意識を醸成するうえで優れて機能的であるように思われるのである。

というのは、一般的には社会関係の閉鎖性は偏った価値を形成しやすいが、このプログラムは人生経験の豊かな高齢者が加わって生涯教育や人生教育の視点からも学校教育をおこなうものであるから、偏った価値形成はうまく回避されるのではないか。また、参加する高齢者の選定にも、こうした面で期待できる特性が条件となっているものと思われるのである。いわば、生活・社会体験から醸成されてきた高齢者の智恵を児童生徒の教育に生かすということであり、またそうした役割を担える主体としての高齢者カテゴリを定着させることに寄与できるということが、このプログラムの重要な点であるといってよいだろう。[*4]

ただし、そうした社会関係資本の機能が十全に発揮されるためには、世代間交流プログラムに社会関係資本を生みだす主体として参加する高齢者に対しては、その役割期待に応えるのに充分な「個人資本(personal capital)」を備えていることが前提となる。世代間交流プログラムにおける個人資本は、児童生徒の生涯学習や生活学習という局面で活用しうる高齢者の特性から生まれる便益であるから、高齢者は社会的な観点からして利用価値(原初的意味での「生きがい」)を備えた存在であることが不可欠なのである。ということは、こうしたプログラムへ参加しうる高齢者とは、きわめて個人的な生活意識に耽溺している受け身の生活スタイルから離れて、社会的役割期待に積極的に応えるような社会意識に敏感な生活主体であることが求められるのではないだろうか。

●注

＊1 事実米国では、グレイ・パンサーなどの政治集団の活動が著名である。日本においては、「政治主体としての高齢者」という社会的カテゴリは必ずしも一般的なものではない。しかし、多数決原理にもとづく政治制度においては、(選挙をはじめとして)多数を占める高齢者に有利な結果を生みがちであり、こうした状況が「高齢者民主主義」と表現されることもある。ただし、高齢者といえども、しかるべき社会的役割を果たしたうえで政治的主張を鮮明にするという意味での「政治主体」という社会的カテゴリであることは認められるべきであろう。

＊2 もちろん、議会制度の仕組みからすれば、国家財政の運営は国会の承認が不可欠なのであるが、審査経過は政局の影

響を受けやすく、したがって安定的なアンパイアシップが保証されるわけではない。

＊3　ここでは「互酬関係」「互恵関係」「互助関係」という三つのタームを使い分けているが、それぞれはつぎのように区別されると考えている。集団間のもっとも一般的な間柄を表す互酬関係は等価的損得勘定が成立する集団間関係であり、互恵関係とは、意図的であるか事後的であるかは問わず、おたがいに利益を与えることが可能な関係であり、そして互助関係はおたがいに具体的方法で助け合うことを企図して形成される集団間関係である。本章の目的は、互酬的世代間関係を可能にするシステムを構想することから出発して、年金世代が勤労世代の生活を支援する活動をすることによって、年金制度を（経済的に）支える勤労世代とのあいだに互恵関係にもとづく互助制度の構築を目指す、というものである。

＊4　歴史的にみた場合も、こうした知恵を発揮できることをもって、老人の社会的地位をたんなる保護対象ではなく重視すべき対象として社会的に規定する働きをしてきたことがわかる（Wada［1995］）。民間伝承として伝えられている説話のなかでは、老人の智恵をないがしろにすることが悲劇につながるとする筋立てがしばしば用いられていることも、このことを示していると思われる。

●文献

Boström, Ann-Kristin［2011］“Lifelong learning in intergenerational settings: The development of the Swedish granddad program from project to national association,” *Journal of Intergenerational Relationships* 9: 293-306.

Boulding, Kenneth E.［1973］*The Economy of Love and Fear: A Preface to Grants Economics*, Wadsworth Publishing.（＝［1974］公文俊平訳『愛と恐怖の経済学――贈与の経済学序説』佑学社）

Coleman, James S.［1990］*Foundations of Social Theory*, Belknap Press of Harvard University Press.（＝［2004］久慈利武監訳『社会理論の基礎（上）』青木書店）

Wada, Shuichi［1995］“The Status and Image of the Elderly in Japan: Understanding the Paternalistic Ideology,” Mike Featherstone and Andrew Wernick eds., *Images of Aging: Cultural Representations of Later Life*, Routledge.

尾形裕也［2005］「保険者機能と世代間利害調整」田近栄治・佐藤主光編『医療と介護の世代間格差』東洋経済新報社、241-260
小塩隆士［2012］『効率と公平を問う』日本評論社
草野篤子ほか編［2009］『世代間交流効果——人間発達と共生社会づくりの視点から』三学出版
島澤諭・山下努［2009］『孫は祖父より一億円損をする——世代会計が示す格差・日本』朝日新聞出版
鈴木亘［2004］『社会保障亡国論』講談社
和田修一［2001］「近代社会における自己と生きがい」高橋勇悦・和田修一編『生きがいの社会学——高齢社会における幸福とは何か』弘文堂、25-52
——［2012］「世代間経済格差の意識と世代間共生」『社会学年誌』53: 5-15
——［2013］「後期近代における世代間格差と世代間共生」『早稲田大学大学院文学研究科紀要』58(1): 63-77
——［2015］「『生きがいについて』専門家へのインタビュー」地域社会ライフプラン協会『ライフプラン情報誌 ALPS』120: 2-4

年齢を超えた「主体」への更新

本パートでは、時代経験や年齢によって人びとをカテゴリ化する「世代」をとりあげた。

「世代」という言葉は、一般的に二つの意味で用いられている。一つは、出生時点からの経過年数を基準とした「年齢」によって区分線を設け、人間をカテゴリ化する見方である。もう一つは、「昭和一桁生まれ」や「団塊の世代」、「ゆとり世代」など、一定の年齢期に一定の時代経験を共有した人びとの集合体をさす。成人年齢に達する以前の人間を一人前に満たない「子ども」とみなし、また、一定以上の年齢に達した者を「高齢者」としてひとくくりにするのは、前者の「世代」の語法に属する。そして、前者の「世代」においては、「青壮年／高齢者」「大人／子ども」というように、カテゴリの一方が優位に、もう一方が劣位におかれる序列性が、年齢にもとづく差別を指す「エイジズム」であるとして問題視されてきた。

「世代」のパートでは、上記二つの「世代」の意味に対応し、「年齢」を基準として区分される前者の「世代」にもとづいて生まれた「問題」を第7章で、「経験」を共有する後者の「世代」をめぐる葛藤を第8章で扱った。

第7章の笹野悦子・丹治恭子「『青壮年／高齢』の区分をめぐって」では、「年齢」を基準としたカテゴリ化に着目した。とくにこの章では、「青壮年／高齢者」というカテゴリを中心に、年齢区分が生みだす

「エイジズム」の存在とその克服を目指す取り組みを記述している。

近代において高齢者は、「エイジズム」のもとで無力な存在とみなされ、「青壮年」の劣位に置かれてきた。こうした「青壮年／高齢者」という区分は、公的年金制度や企業社会の定年制等の社会制度によって恣意的に生みだされたものであり、その背後には、「働く」ことを絶対的な価値とみなし、「働けない」者を周辺化する近代的労働倫理が存在していた。

しかし、二十世紀後半になると、これらのカテゴリの序列性を解消しようと、欧米圏を中心に「年齢差別禁止」に関する法令が定められ、それにもとづく政策が展開されるようになる。たとえばアメリカでは、定年制を廃止し、個人の就労を促す方策がとられており、一方EUでは、定年制を維持しつつ、定年年齢前後の人びとに対して手厚い社会保障策をとることで、「定年」という区分自体のもつ影響力を相対的に弱めている。

そしてこの第7章では、これらの方策の違いを生みだすものとして、「保護と差別の両義性」を指摘している。アメリカでは、定年制を撤廃することで高齢者を自立的な「主体」とみなし、自由競争への進出を促してきたが、これは、「差別」を解消するために「保護」も手放すという方法である。ただこのやり方では、定年制が元来想定していた、加齢に伴う「働けない」状態から生じる「問題」は依然として残ることになる。だがその一方で、EUがとるような社会保障の充実策は「保護」的要素は強くなるものの、「差別」を生みだしうる年齢区分も一定程度、必要となる。すなわち、加齢によるリスクを想定したうえでの「主体化」は、「保護」と「差別」がもつ両義性によって生じるジレンマに陥ることになる。

第8章の和田修一「世代間経済格差と世代間共生——共生策としての共助」では、二十一世紀の日本で生じている世代間葛藤の背景・論理を探るとともに、その改善策における「高齢者」像の更新の可能性を探索した。

「勤労世代」と「高齢世代」間の経済格差を縮小・再分配するために創設された日本の公的年金制度は、二十世紀を通じた経済状況や人口構造の変化により、世代間の葛藤を引きだす装置となった。低成長期に現役時代を過ごす人口の少ない「勤労世代」が、高度経済成長期のなかで豊かな現役時代を過ごしてきた人口の多い「高齢世代」を支えるという不安定な構造のなかで、「高齢世代」に対する不公平感が生みだされることとなったのである。

上記の世代間に生じた「問題」を受け、この章では、社会保障制度の必要性を担保しつつ、「勤労世代」の不満を緩和する一つの方策として、高齢者の社会参加によって世代間の社会関係資本が構築される事例を提示した。さらにそのなかで、「高齢者」カテゴリが、社会保障の受給者から社会的活動の「主体」へと更新される可能性を指摘している。

最後に、この「主体」というキーワードをめぐって、「ケア」「世代」の二つのパートの連なりが示唆する今後のカテゴリの更新の可能性について述べておきたい。

第4章から第8章にかけて追究された「ジェンダー」「障害」「世代」はいずれも、「男性/女性」「健常者/障害者」「青壮年/高齢者」といった、序列性を有するカテゴリによって構成されており、本書は、そのなかでも劣位に置かれた人びとの声から生まれたカテゴリの更新の様態を描出してきた。検討を通じて見出されたのが、依存的な存在とみなされてきた人びとの「主体化」に伴う「保護と差別のジレンマ」であった。「保護と差別の両義性」に従えば、「障害」で扱った「支援付き意思決定」の過程でも、「支援の不要な人／必要な人」という新たな序列性が生じることが十分に想定される。ただ、こうした新たな序列性は、さらなるカテゴリの更新によって対応することが可能である。したがって、今後のプロセスでは、「保護」「支援」「必要」という「主体化」にとって重要と考えられてきたカテゴリさえも更新の対象となるだろう。そしてそれは同時に、「保護と差別の両義性」自体の揺らぎを意味する。

人間の身体への意味づけを問う「ケア」「世代」のパートでは、各問題系において始まったカテゴリの更新が、領域の枠を超えて、「自立した個人」や公私領域、労働倫理といった近代社会を基礎づける概念を問いただす様子が確認された。つづく「社会意識」のパートでは、これらの知見について、「共生社会」をめぐる社会意識の全体状況をもとに考察を深める。

（丹治恭子）

社会意識

社会を生きる人びとのあいだでは
「共生」はいかにとらえられているのか。
学術の言葉としての「共生」は
何を担ってきたのか。
これらを探ることで見えてくるのは、
ナショナリズム、ジェンダー、障害、
世代といった諸概念と、
共生志向性との接続の理路である。
現代の社会意識構造に、
社会的カテゴリの更新の余地を見出したい。

第9章

「共生」にかかわる社会意識の現状と構造

坂口真康・岡本智周

⦿——共生社会意識の探索課題

人間がものごとをとらえるときには、多くの場合、認識のための枠組みとしてなんらかの「社会的カテゴリ」を採用している。たとえばある人を見て「若者」だと認識したり、ある出来事を「〇〇人」によるものだと理解したり、あるいは、「障害者」への配慮について考えたりすることの前提には、人間を属性ごとの社会集団に類型化する思考が作用しているといえる。

そのようなカテゴリは、ものごとを単純化し伝達しやすくするという面では合理的なものだが、元の文脈を離れたところにまでそれが持ち越されると、かえって理解の妨げになることもある。ある社会集団を名指す立場と、名指される立場とで、想定が食い違うことも多くなるからだ。そこに社会的な葛藤や摩擦が生じることになる。そのような事態に対処するとすれば、ものごとの認識枠としてあてがわれている、「あるもの」と別の「あるもの」とを区別している社会的カテゴリのほうを更新することが必然となる。

たとえば、「外国人」の問題だとされていた事柄は「所得格差」による問題だと気づき、対象となる人間集団の想定の仕方を変換すること。また、「女性」の問題を考えるさいに、そもそも「女性」というカテゴリに付与されてきた意味を問い直し、改めていくこと。近代という時代に創られてきた「外国人」「女性」「高齢者」「障害者」といったカテゴリが社会的な対立の原因となっているという前提に立ち、そのような制度を問い直すのが共生社会論であり、そこでは制度化された認識の枠組みの更新の可能性が問われることになる（岡本［2013］141-142）。本書でもここまでの章において、社会的カテゴリの更新のプロセスを描き出し、社会的な共生の資源となりうるものを示すことを課題としてきた。

本章はその総括として、人びとの実際の社会意識の水準では社会的カテゴリがいかに存在しているのかを示し、その乗り越えの可能性がみられるポイントを検討してみたい。まず着目するのは、「共生社会」という言葉の認知のされ方の違いである。「共生」という言葉が、日常生活から学術にまで多岐にわたって使用されるようになったなかで、社会を生きる人びとの意識においては「共生社会」という言葉がいかなる意味をもつのか。本章ではこの点を分析の中軸にすえる。

加えて、社会的カテゴリにかかわる出来事に対する人びとの意識について検討する。焦点をあてるのは、「日本」と「外国」、「日本人」と「外国人」とを分かつ認識のもとになっている「国家」「国民」カテゴリである。昨今の日本社会においては、過熱するヘイトスピーチの様子がたびたび報道されるように、異なる国民集団に対する排他的な態度が社会的葛藤の象徴ともなっている。「国家」「国民」カテゴリに対する態度は、現代の日本社会を生きる人びとの社会意識において、どのように立ち現れているのか。それは、共生に関する議論で取りあげられる「障害の有無」や「世代の違い」といった他の社会的カテゴリに関する問題への態度とどのように関連するのか。そして、ある社会的カテゴリに対する柔軟性は、別の社会的カテゴリに対する柔軟性へと波及しうるのか。本章では調査の結果を根拠にして、これらのことを探索する。

⦿——共生社会意識を探索するための素材

共生社会意識の把握のためには、これまでにも多くの調査がおこなわれている。代表的なものとしてはまず、内閣府政策統括官（共生社会政策担当）のもとにおかれた「共生社会形成促進のための政策研究会」が二〇〇四年におこなった、「共生社会に関する基礎調査」が挙げられる（共生社会形成促進のための政策研究会［2005］）。この調査では、全国の二十歳以上の者五千人を抽出し、調査員による個別面接聴取により三千四百七十人からの回答が得られた（以下、二〇〇四年内閣府調査とする）。

次に、共生への志向性の背景を探索した調査として、筆者らもその研究活動に加わっている早稲田大学のリスク共有型共生社会研究所が二〇一〇年におこなった「共生社会に関する調査」がある（リスク共有型共生社会研究所［2012］）。この調査はウェブ調査であり、インターネット調査専門会社に登録している二十歳以上を対象に、性別・年齢層・居住地域ごとに日本の総人口に比例した人口構成比で二千人を抽出し、回答が得られた（以下、二〇一〇年成人調査とする）。

さらにこの二〇一〇年成人調査のデザインに則るかたちで経年変化をみるためにおこなわれたのが、筆者らが運営する筑波大学共生教育社会学研究室が二〇一四年に実施した「共生社会に関する調査」である（岡本・坂口編［2014］）。この調査でも二千人の対象者から回答を得ている（以下、二〇一四年成人調査とする）。

加えて筆者らの研究室では、これらの先行調査で問われた内容と比較可能な問いを設定し、高校生の社会意識の把握を目的とした「高校生のコミュニティとのかかわり合いに関する調査」を二〇一三年末から二〇一四年初めにかけておこなった（岡本・坂口編［2015］）。高校二年生を対象として、関東圏・中京圏・九州圏の公立高校から六校に協力を依頼し、一千六百三十三人からの回答が得られた（以下、二〇一三―一四年高校生調査とする）。

本章ではこれらの調査の結果にもとづいて共生にかかわる出来事に対する人びとの態度を検討する。その作業を通じて、いま何が共生の課題とされているのかを浮き彫りにするとともに、共生にかかわる試みにとって資源となりうるものを指摘することとしたい。

それではまずはじめに、そもそも現在の日本社会に生きる人びとのなかで「共生社会」という言葉がどのくらい認知されているのかを見てみよう。

⊙――「共生社会」という言葉の認知

先に挙げた四つの調査では、「共生社会」という言葉の認知を尋ねている。「共生社会」という言葉を聞いたことがあるか、また、その意味を知っているかという問いに、①「言葉を聞いたこともあり、その意味も知っている」、②「言葉を聞いたことはあるが、意味はよくわからない」、③「聞いたことがない」の三つの選択肢が用意された。回答結果を選択肢ごとにそれぞれ【A群】【B群】【C群】とし、各調査での回答分布を示すと、下の**表1**のようになる。

この結果からは「共生社会」という言葉の社会的認知の度合いを理解することができる。四つの調査の方法が異なるために厳密な比較はできないが、成人調査においては「意味も知っている」A群が一〇%台、「聞いたことがない」C群がおよそ四〇%から五〇%台であった。それに対して高校生調査では、「共生社会」という言葉が相対的によく知られていることがわかる。「聞いたことがある」者は八〇%以上となり、「意味も知っている」A群は三一%となっている。この結果は、現在の学校教育のなかで「共生社会」や「共に生きる」という概念が諸教科に採用されていることの反映であり（岡本［2013］109-139）、高校生が成人以上にこの概念を身近なものとしているとみることができる。

表1 「共生社会」という言葉の認知（%）

「共生社会」という言葉を—	2004年 内閣府調査	2010年 成人調査	2014年 成人調査	2013-14年 高校生調査
【A群】聞いたこともあり、その意味も知っている	18.1	11.2	11.0	31.0
【B群】聞いたことはあるが、意味はよくわからない	28.6	46.6	40.8	52.5
【C群】聞いたことがない	53.3	42.3	48.2	15.4
無回答	——	——	——	1.2
回答者総数	3470人	2000人	2000人	1633人

また、ここでは人びとによる「共生社会」という言葉の認知の特徴について整理しておきたい。二〇一四年成人調査においては、『共生社会』に関する問題として思いうかべること」について尋ねている。その問いへの回答と「共生社会」という言葉の認知との関連を示したのが、**表2**である。

まず、「共生社会」に関する問題として想起する項目の回答数が回答者総数に対して一〇％以上を占める項目に着目すると、『共生社会』という言葉を聞いたこともあり、その意味も知っている」A群に属する回答者は、「聞いたことはあるが、意味はよくわからない」B群・「聞いたことがない」C群の回答者と比べて、より多くの項目を「問題」として提起する傾向があることがわかる。

さらにその回答内容をみると、B群とC群とでは、「近所の人間関係」や「若い世代と高齢者の関係」といった比較的身近な「問題」に回答が集まるのに

表2　「共生社会」に関する問題として思いうかべること（2014年成人調査）

「共生社会」という言葉の認知	A群		B群		C群	
近所の人間関係	54	**24.5%**	300	**36.7%**	346	**35.9%**
若い世代と高齢者の関係	111	**50.5%**	458	**56.1%**	449	**46.6%**
男性と女性の平等	100	**45.5%**	258	**31.6%**	217	**22.5%**
政治的信条の相違	9	4.1%	21	2.6%	23	2.4%
宗教的信条の相違	12	5.5%	24	2.9%	26	2.7%
障害者の社会生活	90	**40.9%**	224	**27.4%**	140	**14.5%**
仕事と家庭生活のバランス	42	**19.1%**	115	**14.1%**	165	**17.1%**
日本にいる外国人の社会生活	33	**15.0%**	58	7.1%	30	3.1%
企業と消費者の関係	10	4.5%	40	4.9%	58	6.0%
自然環境と人間の関係	68	**30.9%**	241	**29.5%**	205	**21.3%**
都市と農山漁村の関係	24	**10.9%**	77	9.4%	64	6.6%
日本と世界の国々の関係	18	8.2%	59	7.2%	67	7.0%
その他	0	0.0%	9	1.1%	28	2.9%
回答総数／回答者総数	571/220		1884/817		1818/963	

対して、A群では、「男性と女性の平等」「障害者の社会生活」「日本にいる外国人の社会生活」「都市と農山漁村の関係」といった、相対的に巨視的ないし抽象的な観点から把握される項目がより多く挙げられている（岡本［2014］8-10）。「共生社会」について知り、その意味を理解することと、人びとが「よりマクロな視座」から共生社会を想定することにはつながりがみられるのである（新井・桜井［2014］34）。

これらのことは、周囲に生じる社会的な葛藤や摩擦を、近隣の人間関係といった相対的に狭い観点で把握する傾向と、社会構造の問題として相対的に広い観点からとらえる傾向との分岐点が、「共生社会」という言葉の意味を知ることと関連していることを示している。すなわち「共生社会」という言葉の意味を理解するということは、社会で生じうる問題をより幅広く、より俯瞰的にとらえることと結びついている可能性がある。

ここでの結果からはさらに、「共生社会」という言葉について「意味も知っている」A群が一定程度の反応を示し、「聞いたことはあるが、意味はよくわからない」B群・「聞いたことがない」C群が反応を示さなかった項目として、「日本にいる外国人の社会生活」と「都市と農山漁村の関係」があることが読みとれる。このことは、「国家」「国民」カテゴリや「地域」カテゴリにかかわる出来事に対する敏感さと、「共生社会」という言葉の意味の理解が関連している可能性を示しているといえる。

とくに「日本にいる外国人の社会生活」については、A群とB・C群を比べると、倍以上のポイントの差がみられる。ナショナリズムに由来するせめぎあいが取り沙汰される現代日本社会においても、「共生社会」という言葉の意味を理解する者には、意味を理解しない者と比べると、異なる国民カテゴリに属する人びとの社会生活を共生の課題としてとらえる態度がより顕著に表れる傾向を指摘することができる。

このように社会意識調査の結果からは、「共生社会」という言葉の意味を理解することと、共生にかかわる出来事をとらえるさいの視点や視野の設定のされ方とのかかわりが示される。社会のなかの葛藤や摩擦を、「あるもの」とまた別の「あるもの」とのあいだで生じるものとしてとらえる傾向は、「共生」の概念を媒介することでとらえることができる。

そして、共生をとらえる視点の広がりと深まりの先にとりわけ浮かび上がってきたのが、「外国人」という社会的カテゴリに属する人びとの存在を感受する態度である。「国家」「国民」という枠組みが強大な力をもっていることで、しばしば強烈な風当たりを受けてきた存在に対する関心が、「共生」概念の認知にともなって高められる可能性が示されている。

⦿——外国人に対する柔軟な態度

それでは、異なる「国民」カテゴリに属する人びとに対して、現代社会を生きる人びとはどのような認識を抱いているのか。二〇一〇年成人調査、二〇一四年成人調査、および二〇一三—一四年高校生調査では、「たくさんの外国人が日本国内に住む」ことに対する賛意を尋ねており、外国人に対する人びとの態度を描くことができる（高校生調査では「たくさんの外国人が日本に住む」と示している）。**表3**にそれらの結果を示した。

ここにあるとおり、「たくさんの外国人が日本（国内）に住む」ことに賛意を示した者の割合は、二〇一〇年成人調査では五四・三％、二〇一四年成人調査では五六・一％、二〇一三―一四年高校生調査では七八・八％である。成人については五割強の人が、多くの外国人が日本に居住することに対して寛容な態度を示すことが読みとれる。一般にいわれる日本社会の外国人に対する排他性は、かならずしも圧倒的多数によって支えられている社会意識というわけではないことが指摘できよう。

また、高校生を対象とした結果からは、外国人に対する柔軟な態度が、成人以上に若い世代において高いことが指摘できる。成人よりも若者の「右傾化」が著しいといわれる昨今であるが、現代の高校生においては、「日本」に「日本人」カテゴリに属さない人びとが増えることに対して、受容的な態度を有している者の割合が多い。すなわち、現代の高校生においても、「日本」「日本人」という「国家」「国民」カテゴリの相対化は経験されているのである。[*1] これからの社会の担い手である世代がこのような特徴を有していることからは、それ自体が今後の社会における「社会的カテゴリの更新」を議論するうえでの資源となりうることを指摘することができるだろう。

⦿――社会的カテゴリに対する柔軟な態度の広がり

それでは、「国家」「国民」といった、特定の社会的カテゴリに対する柔軟な態度

表3　「たくさんの外国人が日本（国内）に住む」ことに対する賛意（%）

	賛成	どちらかといえば賛成	どちらかといえば反対	反対	無回答
2010年成人調査（2000人）	11.3	43.0	36.9	8.9	——
2014年成人調査（2000人）	12.9	43.2	34.3	9.7	——
2013—14年高校生調査（1633人）	40.7	38.1	16.7	3.6	1.0

は、社会における他の出来事に対する意識とどのように関連しているのだろうか。「国家」「国民」カテゴリを越境する考え方をするとき、人間は自らの属するカテゴリを絶対的なものとしてとらえるのではなく、ほかの可能性もありうると相対化していることになる。自他を分かつカテゴリを文脈によって柔軟に使い分けていると言うこともできるだろう。ある人が社会生活を送るうえで経験するさまざまな文脈では、たとえば「日本人」であることのみが絶対的な意味をもつわけではないからだ。

筆者らの調査からは、このような特定の社会的カテゴリに対する柔軟性が、別の社会的カテゴリを柔軟にとらえる視点と結びつくことが示されており、ここでふたたび二〇一四年成人調査の結果を参照しながら、このことを指摘しておきたい。「国家」「国民」カテゴリに関して越境可能性を強く示す思考が、「障害者」「高齢者」といった存在に対する支援の積極性とも関連するのである。

二〇一四年成人調査では日本の国際化に対する認識について、先述した「たくさんの外国人が日本国内に住む」に加え、「学校での外国語の教育を充実させる」「たくさんの日本人が海外に住む」「外国人がプロ野球チームの監督になる」「外国人が相撲の横綱になる」「永住外国人家族に子ども手当てを支給する」「外国人学校に高校無償化を適用する」「永住外国人に地方選挙権を認める」という計八つの項目に対する賛意を尋ねる問いを設定していた。そして、これらの個々の項目に対する回答を集約して傾向を把握するための分析をおこなった結果、二つの傾向が抽出された。[*2] 二つの傾向と八つの項目のかかわり（各項目に対する賛成／反対の度合いの高さ）を概略的に表現すると、**表4**のようになる。

第一の傾向は、八項目すべてに対する賛意がみられるものである。なかでもとりわけ、「永住外国人家族に子ども手当てを支給する」「たくさんの外国人が日本国内に住む」「永住外国人に地方選挙権を認める」「外国人学校に高校無償化を適用する」といった項目の関連が強い。このことからこの傾向は、基本的には外国人との交流に向けた意欲を、加えて、国民社会の制度的原則の変化に対しても積極的に是認する意識を表現していると解釈できる。

第二の傾向をみると、「外国人がプロ野球チームの監督になる」「外国人が相撲の横綱になる」といった項目に賛成する度合いが高く、こちらも国際交流に対する意欲を表現するものであることが理解できる。しかしながら、「外国人学校に高校無償化を適用する」「永住外国人に地方選挙権を認める」「永住外国人家族に子ども手当てを支給する」といった項目にネガティブな反応を示している。このことからこちらの傾向は、国民社会の既存の原則が維持されることを前提としながら国際交流を望む意識を示していると解釈できる。

すなわち、第一の傾向に表現されるのは、「日本」や「外国人」といった枠組み自体を改めることも含めた交流への賛意であるのに対し、第二の傾向では、既存の枠組みを保持することが意図されて

表4　日本の国際化に対する認識を尋ねた8つの項目と2つの傾向とのかかわりの概略

	第1の傾向	第2の傾向
「永住外国人家族に子ども手当てを支給する」	＋	−
「たくさんの外国人が日本国内に住む」	＋	−
「永住外国人に地方選挙権を認める」	＋	−
「外国人学校に高校無償化を適用する」	＋	−
「たくさんの日本人が海外に住む」	＋	＋
「外国人が相撲の横綱になる」	＋	＋
「外国人がプロ野球チームの監督になる」	＋	＋
「学校での外国語の教育を充実させる」	＋	＋

+:賛成の度合いが高い／−:反対の度合いが高い

いることになる。「国家」「国民」という社会的カテゴリの更新に対して積極的か否かという点において、二つの傾向は分岐している。

政治経済学者の村上泰亮はかつて、ナショナリズムをめぐる議論においてつぎのようなことを指摘していた。「ナショナリズム」の反対にあるものとしては一般に「インターナショナリズム」が考えられることが多いが、しかしそれは「けっきょく、国 nation を単位として、国と国の間 inter の関係について論じようという発想である」（村上［1992］44）、と。続けて述べられるつぎのような認識は、今日の世界を考えるさいにいっそうの説得性を示すものといえるだろう。

> 国（より正確には国民国家 nation-state）は確かに現代で最も強力な現実だが、他方で、最近では国民国家の溶解する可能性もみえる。実は国家廃絶という発想は、レーニン以前の旧いマルクス主義に早くから現われていたし、さらに近代以前まで遡れば、国民国家に類する政治体はむしろ異例である。したがって、国民国家を基軸としない発想、すなわちナショナリズムとインターナショナリズムを含みかつ超えるものとしての「トランスナショナリズム trans-nationalism」を、ナショナリズムに対置するのが現状の描写としてむしろ適切になりつつある。（村上［1992］44）

上記の分析で得られた二つの傾向は、ここで村上が言わんとしたことを補助線とすることで、正確にとらえることができる。すなわち、「国民」「国家」カテゴリを相対化した国際化志向である第一の傾向は「トランスナショナリズム」の傾向と名指すことができ、「国民」「国家」カテゴリを基礎とした国際化志向である第二の傾向は「インターナショナリズム」の傾向と名指すことのできるものである。

そして、「トランスナショナリズム」傾向と名づけた第一の傾向と、「外国人」「障害者」「高齢者」の支援に関する意識との関連を分析してみると、街で困っている「外国人」「障害者」「高齢者」を積極的に手助けしようと考える傾向と、「トランスナショナリズム」傾向の強さは、有意に関連していることが示されるのである（注＊3を参照のこと）。そうした結果からは、「国家」「国民」というカテゴリに対して柔軟な認識を有することが、「外国人」に対してのみではなく、街で困っている「障害者」「高齢者」といった別の問題系にある社会的弱者への支援意欲とも関連していることが把握される（坂口・島埜内・岡本［2014］）。ある社会的カテゴリを相対化可能なものととらえる意識や態度は、別の社会的カテゴリをとらえるさいの柔軟さとも関連しているのである。

⦿——人びとの社会意識にみる「社会的カテゴリの更新」としての共生

本章で探索した共生社会意識の特徴からは、大きく二つのことを述べることができる。

第一に、「共生社会」という言葉の意味を知っているとする人ほど、社会のなかの「問題」をより広く、より深い視野からとらえようとしているという事実である。社会的カテゴリをめぐる対立をより幅広く察知する視座や、異なる人びとのあいだの葛藤や摩擦を、自分自身の身近な出来事としてのみとらえるのではなく、社会的なものとして俯瞰的に想定する観点が、この概念の意味の了解と結びついている。「共生社会」という言葉が一般的に用いられるようになって久しいものの、その言葉の浸透にグラデーションがあること、またその意味の理解が社会認識の構成と結びついていることは、興味深い点であった。「共生」という概念それ自体についての意味の了解は、社会的カテゴリを原因とする葛藤を認識するさいの重要な要素の一つとなりうる。

第二に、「国家」「国民」というカテゴリにかかわる意識に焦点を定めた検討からは、ある社会的カテゴリに囚われない意識や態度が、また別の社会的カテゴリがもたらす問題状況への積極的なかかわりにも結びつきうることが見出された。社会のなかのあらゆる「問題」に関して全方位的に柔軟な思考を期待することは困難だとしても、ある特定の社会的カテゴリに対する柔軟な思考がそれ以外の事柄に向けてもつながりうるという事実は、「社会的カテゴリの更新」としての共生を考えるうえでの重要な論点だといえる。

このことをふまえると、共生にかかわる人びとの社会意識において、「共生」概念の意味の了解と、社会的カテゴリを越境する思考の意義も大きいことが理解できる。「共生」概念の意味の理解が自らの生きる社会を対象化し、社会における人びとの関係性をより幅広くとらえる視点をもたらしうる。また、社会的カテゴリを柔軟にとらえ相対化する思考が、他者の積極的な受容の基盤となりうる。人びとが共に生きる社会を成り立たせるための糸口は、共生社会意識の構造から導かれるこうした諸点によって示されているといえよう。

本書は、「社会的カテゴリの更新」として共生をとらえたうえで、「国家」「国民」「ジェンダー」「障害」「世代」といったカテゴリを対象とした議論を展開してきた。それらの社会的カテゴリをめぐり、現在どのような摩擦や葛藤が生じているのかについての現状分析をおこなうこと、また、そのような摩擦や葛藤に対応するさいに参照しうる資源を提示することが、本書の課題であった。本章での作業は、社会的カテゴリの更新のプロセスを共生社会論として描きだすという本書全体の営みが、現代社会における人びとの共生社会意識ともかけ離れた営みではないことを示したことになる。

そして言うまでもなく、「共生」という言葉を用いた議論は学術界においてもすでに展開されてきたことである。そのことをふまえて社会学界での「共生」という語の用いられ方を整理するのが続く第10章となる。そこでは、社会の近代性について意識的に取り組み、人びとのおこないを理解しようとしてきた社会学研究において、共生概念がどのように議論され、展開されてきたのかが概観される。

本章と次章は、現代日本社会で了解されている共生概念の特徴を描きだす点で共通しており、社会を生きる人びとの意識のうちにそれを見出すか、あるいはそのような人びとを観察する学術の言葉からそれを見出すかという点で役割を分担している。「共生」という言葉をめぐって、両者における議論はどれくらい共鳴するのか、あるいはしないのか。両者を対比させることで、日本社会における「共生」の立ち現れ方について見えてくるものがあるだろう。

●注

＊1　高校生が成人よりも、日本社会において外国人を積極的に受容しようとする態度を抱いていたことに加えて、両者の違いとして指摘できるのが、前者の外国人との交流経験の相対的な豊かさである。二〇一〇年成人調査と二〇一四年成人調査では、「あなたご自身やあなたの身の回りでは、次のようなことがあてはまりますか。この中からあてはまる

ものすべてを選んでお答えください」という問いへの回答選択肢として、「普段から外国人と交流する機会がある」を設けていた。この問いにおいて、外国人との交流の機会が日常的にあると回答した者の割合は、それぞれ六・七％と五・七％であった。一方の二〇一三―一四年高校生調査では、「外国人と交流する」ことについて、「よくある」「ときどきある」「あまりない」「まったくない」の四択からの回答を求める問いを設定した。この問いに対して、「よくある」「ときどきある」と回答した者の割合は二四・七％であった。二つの調査での回答方法が異なるために単純な比較はできないが、高校生の外国人との交流が相対的に活発であることは推測できる。

＊2　ここでは、主成分分析という解析をおこなった。分析の結果を示したのが、**表5**である（分析に際しては、回答の「賛成」を4、「どちらかといえば賛成」を3、「どちらかといえば反対」を2、「反対」を1とした）。主成分抽出の基準として固有値（**表5**のうち、「初期の固有値」の「合計」）が1以上であることを採用すると、これら八つの項目の回答傾向が大きく二つの成分によって説明できることが示されている（坂口・島埜内・岡本［2014］66-67）。

＊3　二〇一四年成人調査では、街で困っている「外国人」「障害者」「高齢者」のそれぞれに出会ったときに感じることについて、「積極的に手助けしたい」「自分が何をすればよいかわからない」「どのように接したらよいかわからない」「お節介になるような気がする」「専門の人や関係者にまかせた方がよい」「自分にとって負担になるような

表5　国際化に対する認識の主成分分析結果（2014年成人調査）

説明された分散の合計

成分	初期の固有値 合計	分散の％	累積の％
1	3.761	47.008	47.008
2	1.167	14.582	61.591
3	.842	10.521	72.111
4	.666	8.319	80.431
5	.457	5.710	86.141
6	.410	5.119	91.260
7	.400	4.999	96.258
8	.299	3.742	100.000

成分行列

	成分 1	2
永住外国人家族に子ども手当てを支給する	.789	−.364
たくさんの外国人が日本国内に住む	.778	−.104
永住外国人に地方選挙権を認める	.768	−.365
外国人学校に高校無償化を適用する	.700	−.452
たくさんの日本人が海外に住む	.664	.286
外国人が相撲の横綱になる	.649	.471
外国人がプロ野球チームの監督になる	.618	.548
学校での外国語の教育を充実させる	.456	.286

気がする」のうち、あてはまる項目すべてにチェック入れる質問を用意した（「この中にあてはまるものはない」という項目も設けた）。それらの項目への回答と第一の傾向（「トランスナショナリズム」傾向）との関連を見るためにおこなった分析（平均値の差の検定）の結果のうち（坂口・島埜内・岡本［2014］71-77）、本文中で言及した特徴を示したのが**表6**である。

表6からは、街で困っている「外国人」「障害者」「高齢者」に出会ったときに「積極的に手助けしたい」と考える者と、そのようには考えない者の「トランスナショナリズム」傾向の主成分得点（主成分分析で抽出された成分の「重み」、すなわち成分に対する親和性の高さを示す数値）の平均値には、統計的に有意な差があることが読みとれる。さらに、「積極的に手助けしたい」と考える者の「トランスナショナリズム」傾向の主成分得点の平均値は正の値を示している一方で、「積極的に手助けしたい」と考えない者の平均値は負の値を示していることからは、街で困っている「外国人」「障害者」「高齢者」を「積極的に手助けしたい」と考える傾向と「トランスナショナリズム」傾向との関連の強さが指摘できる。

表6　「トランスナショナリズム」傾向と「外国人」「障害者」「高齢者」への支援意欲との関連（2014年成人調査）

街で困っている「外国人」に出会ったとき「積極的に手助けしたい」	「トランスナショナリズム」傾向の平均値	標準偏差	t値	効果量(d)	有意差
はい（493人）	0.42	1.01	10.95	0.58	***
いいえ（1507人）	−0.14	0.96			
街で困っている「障害者」に出会ったとき「積極的に手助けしたい」	**「トランスナショナリズム」傾向の平均値**	**標準偏差**	**t値**	**効果量(d)**	**有意差**
はい（655人）	0.24	0.98	7.73	0.36	***
いいえ（1345人）	−0.12	0.99			
街で困っている「高齢者」に出会ったとき「積極的に手助けしたい」	**「トランスナショナリズム」傾向の平均値**	**標準偏差**	**t値**	**効果量(d)**	**有意差**
はい（853人）	0.20	0.99	7.75	0.36	***
いいえ（1147人）	−0.15	0.98			

***: $p<.001$

●文献

新井雅・桜井淳平［2014］「「共生志向」に影響を及ぼす要因の検討」岡本智周・坂口真康編『共生社会に関する調査――二〇一四年調査報告』筑波大学人間系研究戦略委員会、18-35

岡本智周［2013］『共生社会とナショナルヒストリー――歴史教科書の視点から』勁草書房

――［2014］「「共生社会」という言葉の認知について――調査の概要と分析の焦点」岡本智周・坂口真康編『共生社会に関する調査――二〇一四年調査報告』筑波大学人間系研究戦略委員会、6-16

岡本智周・坂口真康編［2014］『共生社会に関する調査――二〇一四年調査報告』筑波大学人間系研究戦略委員会

――［2015］『高校生のコミュニティとのかかわり合いに関する調査――二〇一三～一四年調査報告』、筑波大学共生教育社会学研究室

共生社会形成促進のための政策研究会［2005］『「共に生きる学び合い」の提唱（詳細版）』内閣府政策統括官（共生社会政策担当）

坂口真康・島埜内恵・岡本智周［2014］「日本の国際化に対する認識の検討――マイノリティ支援に対する認識との関連」岡本智周・坂口真康編『共生社会に関する調査――二〇一四年調査報告』筑波大学人間系研究戦略委員会、66-80

村上泰亮［1992］『反古典の政治経済学（上）――進歩史観の黄昏』中央公論新社

リスク共有型共生社会研究所［2012］「特集　後期近代社会における共生問題の構造」『社会学年誌』53: 1-69

第10章

戦後日本の社会学にみる学知の更新

――『社会学評論』における「共生」言説の量的・質的変遷

大黒屋貴稔

⦿――社会学研究での「共生」の論じられ方という課題

本章では、社会的カテゴリの更新としての「共生」を学術がどうとらえ論じてきたのか、社会学研究に焦点化しながら実証的に検討していくことにしたい。

本章が学術のなかでも社会学研究に焦点化するのは以下のような事情による。「共生」を社会的カテゴリの更新としてとらえることには、人びとの視点に立脚した「共生」把握が含意されている。つまりそこでは、学問が規定し人びとを達成へと導くものとしてではなく、人びとが規定し自ら達成するものとして「共生」はとらえられているのである。人びとの行為を外側から観察するのではなくその行為に結びつけられた意味を理解する「理解社会学」を標榜した泰斗マックス・ウェーバー以来（Weber［1921］=［1972］）、社会学の歴史はこうした人びとの視点をめぐるかたちで展開してきたといっても過言ではない。他の諸学でも「共生」については論じられているけれども、人びとの視点に立脚したかたちでの「共生」についての議論は主として社会学においてなされてきた。本書のように、社会的カテゴリの更新として「共生」をとらえる場合、学術においてそれがどう論じられてきたのか検討するには、社会学研究に焦点化するのが好適であると考えられる。

それゆえ本章の検討を導く問いとは、つぎのようなものである。社会学研究において「共生」はこれまでどのようにとらえられ、論じられてきたのか。

この問題に関する先行研究としては、「共生」のこれまでの論じられ方について理論的に検討しているものと、実証的に検討しているものとがある。

前者のタイプの研究は数多く存在し、主として社会科学の研究を対象に、「共生」概念についてその主要な使用例と思われるものを取りあげ、同概念の精緻化やその妥当性の検討等をおこなってきた。ここではその代表例として小内透［1999］をとりあげることにしたい。シカゴ学派のロバート・E・パーク、社会哲学者のイヴァン・イリッチ、社会学者の庄司興吉などの「共生」概念を検討した小内は、「〔社会科学における〕従来の試みの場合、社会システムないし制度の側面に関わる共生と日常生活ないし人間関係の側面に関わる共生の違いが十分に認識されていなかった」（小内［1999］133）とみる。そのうえで、そうした弱点を克服するものとして、ユルゲン・ハーバーマスの「システムと生活世界」の対比から着想を得た「システム共生」と「生活共生」という自身の概念を提示し、「共生」の一般理論を展開する。「システム共生」は「制度上の共生」を、「生活共生」は「日常生活上の共生」を意味している（小内［1999］123-35）。

一方、後者のタイプの研究としては、野口道彦［2003］が社会学以外のものも含む単行本全般を対象に、「共生」概念についてその使用例を可能なかぎりくまなく拾い上げ、同概念の論じられ方の変遷について歴史的な検討をおこなっている。「共生」の論じられ方についての実証的な検討を目指す本章にとっては、野口のそれがとりわけ参考になる。野口は国立国会図書館の書誌データベースを対象に、タイトルや副題に「共生」の語が用いられている単行本（以下「共生単行本」と略記）を検索し、その動向を時系列的に整理しながら、つぎの二点を指摘した（野口［2003］22-24）。

第一の点は、共生単行本の量的変化に関するものである。きわめてわずかであった共生単行本の年間刊行数は一九八〇年代後半以降増加を開始し、九〇年代前半に入ると急増するが、九〇年代後半以降、それは横ばいに転じるという（一九八七年は五冊弱、一九九二年は四十冊強、一九九五年は八十冊強、二〇〇一年は八十冊強）。

第二の点は、共生単行本の質的変化に関するものである。一九八〇年代後半の増加開始以降、これらの単行本では「共生」の意味が「拡大」していくという。たとえば、命あるもの同士の関係に用いられるはずだった「共生」が、モノとモノとの関係（「鉄鋼と共生・競合していく高分子材料」）や、人とモノとの関係（例「コンピュータと人間の共生」）に転用されるようになっていく。

共生単行本にみられたこうした量的・質的動向は、社会学研究にもまた見出されるだろうか、それとも見出されないだろうか。

本章では、日本の社会学研究を代表する社会学雑誌である『社会学評論』を対象に、文中に「共生」の語が用いられている文献を拾いだし、その量的・質的動向を時系列的に検討するなかで、以上の問いに対して一定の回答を模索したい。そのことにより、社会学研究における「共生」の動向を、前章でみた人びとの意識における「共生」の動向と対照させながら把握するとともに、本書の独自の意義を照射することを目指す。

以下ではまず、本章が実施した調査の対象と分析の方法について説明する。ついで、同対象の量的動向と質的動向を分析し、量と質の両面から同対象の変遷を明らかにする。そのうえで最後に、これら二つの動向に関して知識社会学的に考察する。

⦿――調査対象　『社会学評論』の「共生」言説

『社会学評論』に一九五〇年から二〇〇九年の六十年間にかけて掲載された三千百三十六本の文献のうち、注および引用文献を含めた文中に「共生」という語が使用された七十三本の文献（以下「共生文献」と略記）を対象とした。ただし、副題に「共生」の語が用いられた文献一本（広田康生［2006］「テーマ別研究動向（移民研究）――〝共生〟を巡る秩序構造研究に向けて」）をそこから除外している。副題に「共生」の語が用いられた唯一の文献である同文献は「共生」を主題として論じており、同語の使用例が突出して多いため（全使用例の二割強にもおよぶ）、以下で同語の使用傾向を分析するにあたって、対象から除外しておく必要があると判断した。

⦿――分析方法　量的動向、カテゴリの変化、事実概念と規範概念の多寡の推移

共生文献（七十三本）の量的動向および質的動向について、それぞれつぎのような方法で分析をおこなった。

量的動向の分析

共生文献の掲載数を五年ごとにカウントし、その動向について実数およびパーセントで時系列をおって検討した。

質的動向の分析

共生文献より「共生」という語の使用例（百五十四件、以下「共生使用例」と略記）を抽出し、その意味動向に関して、つぎの二つの分析をおこなった。①「共生」が使用されるカテゴリの変化についての分析、②「共生」が事実概念として使用されているか、規範概念として使用されているかの動向に関する分析である。②の分析をおこなうのはつぎの事情による。自然科学的研究とは異なって、社会学研究では、「共生」は過去や現在の事実としてばかりでなく、将来にその実現の期待される規範的な理念としてもまたしばしば語られる。そのためこれらの多寡の動向というものも、同研究における本概念の意味動向の重大な

局面をなすと考えられるからである。それぞれ詳しくみていくことにしよう。

①「共生」が使用されるカテゴリの変化についての分析

この語が用いられるカテゴリに着目し、共生使用例を以下の（a）から（f）の六ケースに分類した（ただし情報不足等の事情により分類困難であった三件を除外し、百五十一件を分類対象とした）。そのうえで、これらの構成比を十年ごとに算出し、その推移を時系列的に検討した（傍線は引用者）。

（a）親族タイプの共生という意味合いで「親族組織」というカテゴリのもと「共生」が用いられているケース（以下「親族組織」と略記）

用例：従来の日本の親族研究は、伝統的な親族組織が親族体系としては父系出自集団の性格をもつ同族組織とならんで、キンドレッドとしての性格をもつ親戚関係を内部的に分化した体系として内包していること、すなわち、二つの異質の親族タイプの共生関係とその同時的関係を明らかにしている。このような共生関係の成立しうる理論的根拠は、その構成単位である家が、それを可能にする二つの契機（引用者注：出生と婚姻）をその内部において統合した重層構造を構成していることに（中略）求めることができる（後略）。（光吉［1974］58）

（b）共生する項が明示されることなく「共生社会」というカテゴリで「共生」が用いられているケース（以

下「共生社会」と略記）

用例：（前略）現代社会の変革の方向づけをどのように定義したらよいかという挑戦的課題に関し、著者は意欲的に答えを提出しようとしている。著者はそれを、今日の管理社会においては「〈保守－革新〉という対立軸、〈ハード－ソフト〉という対立軸は鍵となる争点ではもはやない。管理社会に対して、それを超え出る開かれた共生社会が真の対立項であり、したがって、〈管理－ライフ・スタイル〉が主要な争点となる」（中略）と総括している。（船橋［1984］97）

（c）人間や社会と環境の共生という意味合いで「環境」というカテゴリのもと「共生」が用いられているケース（以下「環境」と略記）

用例：環境社会学の領域の広さ（中略）は、社会や文化が環境と共生的なものとなって両者の緊張関係が緩和されていくにつれて縮小していくと予想される（後略）。（中田［1995］410）

（d）日本社会における異なるエスニック集団のあいだでの共生という意味あいで「エスニシティ」というカテゴリのもと「共生」が用いられているケース（以下「エスニシティ」と略記）

用例：ここでエスニック・グループとは、他の民族集団との絶えざる相互行為状況下にあり、現実に機能している民族的社会集団をいう。（中略）様々なエスニック・グループが絶えざる相互行為の内に共生する都市社会は、エスニシティ研究のかっこうの舞台である。（青木［1992］351-

352）

（e）他者との共生という意味合いで「他者」というカテゴリのもと「共生」が用いられているケース（以下「他者」と略記）」

用例：現代社会の特徴は他者の「他者性」が露出してきた点にある。そのため（中略）家庭や職場のなかでも従来のように「暗黙の合意」にもとづいて他者と共生することが難しくなってきた。そこで明示的な相互理解（合意）の必要性が叫ばれるのだが、これがまた現実的にも原理的にも非常に困難である。（中略）しかし、著者によれば、このような問題構成は「相互理解がなければ共生できない」という思い込み（生き方）のために生じるのであり、ある重大な可能性を見落としている。（宮原［2001］472）

（f）a～e以外のカテゴリで「共生」が用いられているケース（以下「その他」と略記）

用例：女性解放とは、女が男と平等である社会関係（既存の男性文化への同化による平等）の達成なのか、女と男が対等であり得る社会関係（既存の男性文化の変革による新たな共生）の創出なのか。（福岡［1982］90）

用例：（前略）スカルの「脱施設化論」が大きな関心を呼び起こしたのは、主として次の（中略）

理由による。（中略）それが「障害者の社会参加を阻むものこそ資本と効率の論理である」という一九七〇年代のラディカルな障害者解放運動の理論的前提を根底から覆すものだからである。「障害者との共生」は（中略）むしろ資本の要請である（後略）。（杉野［1994］19）

②「共生」が事実概念として使用されているか、規範概念として使用されているかの動向に関する分析

過去や現在の事実としてこの語が用いられているか、それとも将来その実現が期待される規範的な理念としてこの語が用いられているかに応じて、以下の二つのカテゴリに共生使用例を分類した（ただし情報不足等の事情により分類困難であった九件を除外し、百四十五件を分類対象とした）。そのうえで、これらの構成比を十年ごとに算出し、その推移を時系列的に検討した。

（a）過去や現在の事実を示す概念として「共生」が用いられているケース（以下「事実概念」と略記）

用例：（前略）本書は、自然と人間との共生の独自の歴史を生きてきた地域生活者たちの、環境問題に対する認識や行動を「生活環境主義」の立場（現場の生活者の立場）に立って理論化しようとする野心的な企てである。（三上［1990］324）

（b）将来その実現が期待される規範的な理念を示す概念として「共生」が用いられているケース（以下「規範概念」と略記）

用例1：文化についても、同様な楽観論が顔を見せる。〈民衆文化〉を基礎にして「国民国家による支配も廃絶され、人々の連帯、参加、真の自由が確立されることになる共生型社会」（中略）が実現されるというのだが、（中略）この新しい地球社会ではひとびとはどのような政治体制のもとで、どんな言葉でコミュニケートし、またどんな価値観や宗教を信じて生活していることになるのだろうか。（中野［1990］462）

用例2：（前略）宮台は「草の根」の領域を超えたリベラリズム的な公正や他者との共生の必要をいくら若者たちに訴えても言葉が届かないことに苛立ちを示し、結局、日本の場合は公正さや正義は「天皇」を基準としてしか与えられないのではないかとパフォーマティブに悩んでみせている。（中略）北田は、ポストモダン的な言説ゲームが通用しないその外部にいる人々（人をなぜ殺してはいけないかと問う若者やテロリストなど）といかに共生的でリベラルな社会を作りうるのかという切実な問いを思想的に探索している。（長谷［2006］623）

⦿——結果　「共生」言説の量的・質的変遷

量的動向

共生文献の掲載数について実数およびパーセントでみてみると（**表1**および**図1**）、一九五〇年代前半から七〇

表1　共生文献の掲載数の推移（実数）

	評論文献数	共生文献数
1950−1954	254	0
1955−1959	222	0
1960−1964	190	0
1965−1969	192	2
1970−1974	197	1
1975−1979	229	1
1980−1984	241	6
1985−1989	243	3
1990−1994	297	9
1995−1999	345	16
2000−2004	354	18
2005−2009	372	17
総計	3136	73

年代後半にかけての三十年間はきわめて低調に推移しているが、八〇年代前半に入ると増加に転じ、以降九〇年代後半にかけての二十年間は増大傾向にある。しかしながら、二〇〇〇年代前半に入るとそうした傾向にも陰りがさしはじめ、二〇〇〇年代後半にかけての十年間は横ばいとなっている。六十年間をとおしてみると、『社会学評論』に関するかぎり、「共生」への言及は一九八〇年代前半から九〇年代後半にかけては増大基調、それ以降は横ばいという傾向にある。これは、「八〇年代後半～九〇年代前半にかけての急増、それ以降の横ばい」という共生単行本に関して野口の見出した先述の傾向ともおおむね一致しており、興味深い。

質的動向

質的動向の分析にあたっては、一九五〇～五九年および一九六〇～六九年のケース数が僅少であったため（計三件）、七〇～七九年の期間に統合することとし、以下では、五〇年から七九年の三十年間を一期間として取り扱うことにしたい。

図1　共生文献の掲載数の推移(%)

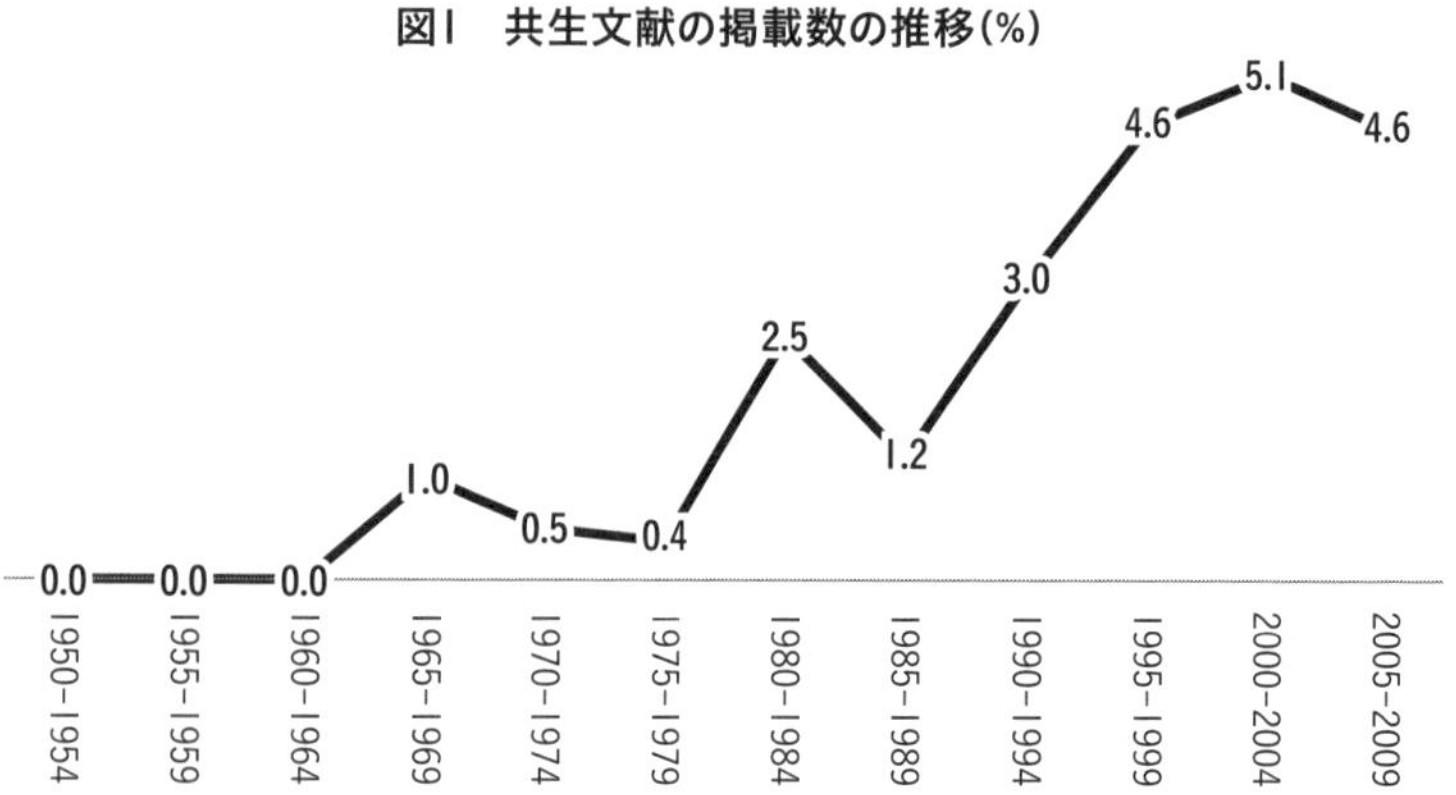

①「共生」の使用カテゴリの変化

「親族組織」「共生社会」「環境」「エスニシティ」「他者」「その他」という、「共生」が使用される六カテゴリの構成比の推移から、共生使用例の動向についてみてみよう（**表2**）。

一九五〇年から七九年の三十年間は「親族組織」が八割弱、「その他」が一割半などとなっており、この時期の「共生」が使用されるカテゴリの主流は明らかに「親族組織」であった。

しかしながら、一九八〇年から二〇〇九年の三十年間に目を転じると、事態は別の相貌を呈してくる。一九八〇年代は「共生社会」が五割弱、「環境」が一割半などとなっており、「共生」が使用されるカテゴリの主流は「共生社会」であった。だが、一九九〇年代に入ると「環境」が五割、「エスニシティ」が二割半などと、「共生社会」にかわり「環境」がその主流の座を占めるようになる。けれどそれも長くは続かず、続く二〇〇〇年代には、「エスニシティ」が五割半、「他者」が二割半などと、「エスニシティ」が「共生」の使用されるカテゴリの主流に躍り出てくる。「他者」というカテゴリでの「共生」の使用が頂点に達するのもこの時期である。一九八〇年から二〇〇九年の三十年間は「共生」の使用されるカテゴリの主流が「共生社会」「環境」「エスニシティ」

表2　使用カテゴリの分布状況の推移(%、カッコ内は実数)

	親族組織	共生社会	環境	エスニシティ	他者	その他	総計
1950–1979	76.9(10)	0.0(0)	7.7(1)	0.0(0)	0.0(0)	15.4(2)	100.0(13)
1980–1989	0.0(0)	46.2(6)	15.4(2)	7.7(1)	7.7(1)	23.1(3)	100.0(13)
1990–1999	0.0(0)	6.7(4)	50.0(30)	25.0(15)	1.7(1)	16.7(10)	100.0(60)
2000–2009	0.0(0)	0.0(0)	4.6(3)	55.4(36)	20.0(13)	20.0(13)	100.0(65)
総計	6.6(10)	6.6(10)	23.9(36)	34.5(52)	9.9(15)	18.5(28)	100.0(151)

と十年ごとにシフトしている。
六十年間をとおしてみると、『社会学評論』に関するかぎり、「共生」は「親族組織」→「共生社会」→「環境」→「エスニシティ」と、時代によってそのカテゴリを変化させながら、使用されてきた。

また、「その他」の内訳に着目し、その下位カテゴリの数をカウントしてみると(**表3**)、一九五〇〜七九年が2、八〇〜八九年が3、九〇〜九九年が5、二〇〇〇〜〇九年が8と推移している。これを各時期の「その他」以外の使用されたカテゴリの数と合計し、総カテゴリ数の動向をみていくと(**表4**)、一九五〇〜七九年が4、八〇〜八九年が7、九〇〜九九年が9、二〇〇〇〜〇九年が11となっており、時代を追うごとに「共生」の使用されるカテゴリの数が拡大していくさまがみてとれる。これは、共生単行本に関して野口が指摘した「一九八〇年代後半以降における共生の意味の拡大」という先述の傾向ともおおむね一致するとみられる。

表3 「その他」に含まれる下位カテゴリの数

	下位カテゴリの内訳(カッコ内は実数)	下位カテゴリの数
1950–1979	価値(1)、集団特性(1)	2
1980–1989	男女(1)、学問(1)、日本文化論(1)	3
1990–1999	メディア(3)、地域(3)、日本文化論(2)、学問(1)、障害(1)	5
2000–2009	メディア(2)、地域(2)、男女(2)、障害(2)、世代(2)、学問(1)、制度(1)、紛争(1)	8

表4 「その他」以外の使用されたカテゴリの数

	カテゴリ	カテゴリの数
1950–1979	「親族組織」「環境」	2
1980–1989	「共生社会」「環境」「エスニシティ」「他者」	4
1990–1999	「共生社会」「環境」「エスニシティ」「他者」	4
2000–2009	「環境」「エスニシティ」「他者」	3

②「共生」における事実概念と規範概念の多寡の推移動向

過去や現在の事実としてこの語が用いられているケースと、将来その実現が期待される規範的な理念としてこの語が用いられているケースの構成比の推移という観点から、共生使用例の動向についてみてみよう（**表5**）。

一九五〇年から七九年の三十年間は「事実概念」が十割を占めており、この時期の「共生」は完全に過去ないし現在の事実を示す概念として用いられていたといってよい。

けれども、一九八〇年から二〇〇九年の三十年間に目を転じると、「規範概念」の割合は八〇年代が六割強、九〇年代が六割半強、二〇〇〇年代が八割と、時代が下るにつれ増しており、将来その実現が期待される規範的な理念を示す概念として「共生」がしだいに用いられるようになっていくさまがみてとれる。

表5　「規範概念」「事実概念」の分布状況の推移（%、カッコ内は実数）

	規範概念	事実概念	総計
1950–1979	0.0(0)	100.0(13)	100.0(13)
1980–1989	61.5(8)	38.5(5)	100.0(13)
1990–1999	66.1(39)	33.9(20)	100.0(59)
2000–2009	80.0(48)	20.0(12)	100.0(60)
総計	65.5(95)	34.5(50)	100.0(145)

六十年間をとおしてみると、『社会学評論』に関するかぎり、「共生」は時代が下るにつれ、事実概念としてではなく、規範概念として用いられる傾向にあったといえる。「共生」に関する社会学研究にとって、こうした動向は諸刃の剣である。なるほど、「共生」を規範概念として扱うことは一方で、目指すべき「共生」への道筋を明瞭化したり、社会においてなんらかの「共生」を実際に推し進めたりといったことに寄与しうる。だが他方で、それは「共生」を自明の前提とし、その妥当性や非妥当性については不問に付す

ということでもあり、その意味で一種の思考停止でもあろう。

⦿――考察　「共生」と社会学研究

以上、量的側面と質的側面とに分け、『社会学評論』において言及される「共生」の過去六十年間（一九五〇年～二〇〇九年）の動向を分析してきた。そこから得られた知見を整理するとつぎのようになる。

量的動向の分析からはつぎの点が明らかとなった。当初僅少であった「共生」への言及は一九八〇年代前半から増加をはじめ、九〇年代後半までその傾向が続くが、それ以降は横ばいへと転じる。こうした傾向は、野口が共生単行本に関して見出した傾向ともおおむね一致するものであった。

質的動向の分析からはつぎの二点が明らかとなった。第一に、「共生」の用いられるカテゴリには一定の変遷がみられる。一九五〇年から七九年にかけての三十年間のカテゴリの主流は「親族組織」であった。だが、それ以降の三十年間は「共生社会」（八〇年代）、「環境」（九〇年代）、「エスニシティ」（二〇〇〇年代）と十年ごとにその主流が変転していく。六十年間をとおしてみると、「共生」は、「親族組織」→「共生社会」→「環境」→「エスニシティ」の順で時代を追うごとにそのカテゴリを変化させながら、使用されてきた。また、「その他」の内訳に着目するなら、こうした変遷は、野口が共生単行本に関して指摘した「意味の拡大」を伴うものであった。

第二に、「共生」は時代が下るにつれ、事実概念としてではなく規範概念として用いられるようになっていく。一九五〇年から七九年の三十年間の「共生」は完全に、過去ないし現在の事実を示す概念として用いられてきた。けれども、続く一九八〇年から二〇〇九年の三十年間においてしだいに、未来に期待されるべき理念を示す概念としてそれは用いられるようになっていくのである。

言及の増大、使用カテゴリの変遷、事実概念から規範概念へのシフトということである。『社会学評論』における「共生」のこうした量的・質的動向をどのように解釈したらよいだろうか。

内的要因

社会学研究の「経路依存性」（path dependency）という内的な要因に着目した解釈がまずもって検討されるべきかもしれない。「経路依存性」とは、現在の選択が過去に経てきた経路に拘束されることを意味する概念である（North［1990］＝［1994］）。同概念をふまえた解釈とはつぎのようなものだ。

〈「親族組織」および「共生社会」というカテゴリのもと「共生」が用いられた場合（一九五〇年代〜八〇年代）、いずれの場合も日本社会内部での「共生」が意味されている。一方、「環境」というカテゴリのもと「共生」が用いられた場合（一九九〇年代）、同社会の外部との「共生」が意味されている。これら二つの経路によって、日本社会内部での外部との「共生」を意味する「エスニシティ」というカテゴリでの「共生」の用法（二〇〇〇年代）は導出された〉

なるほど、過去からの経路という社会学研究の内的要因に着目するこの解釈は、使用カテゴリの変遷という質的動向についてはー定の首肯性のある説明を提供しているものの、言及の増大という量的動向や、事実概念から規範概念へのシフトというもう一つの質的動向については、なんら語るものではない。そこでつぎに、社会学研究の外的要因へと目を転じ、言及の増大、使用カテゴリの変遷、事実概念から規範概念へのシフトという三動向を共に説明しうる解釈を模索してみたい。

外的要因

ここでは、「共生」という概念の中核に〈異質なものの共在〉という事態があることに着目し、つぎのような解釈を試みる。〈日本社会の異質性の増大にともなって、『社会学評論』に代表される日本の社会学研究は、「共生」への言及を増大させるとともに、その使用カテゴリを変化させ、事実としてではなく規範としてそれについて語るようになったのではないか〉というものである。順をおってみていくことにしよう。

まず、「共生」への言及の増大という量的動向に関してである。「共生」が異質なものの共在を概念中核とする以上、当該社会の異質性が増大するにつれ、それを観察する社会学研究が共生への言及をしだいに増大させていくのはきわめて自然なことだと考えられる。

つぎに、「共生」の使用カテゴリの変遷という一つめの質的動向に関してである。一九五〇年から七九年までの三十年間を「社会の異質性が相対的に低かった時代」、八〇年から九九年までの二十年間を「社会の異質性が相対的に高まった時代」、二〇〇〇年から二〇〇九年までの十年間を「社会の異質性が相対的に高かった時代」と区分し、みていくことにしたい。

「社会の異質性が相対的に低かった時代」（一九五〇〜七九年）、この時期の社会学研究における「共生」が使用されるカテゴリの主流は、「親族組織」であった。ここでは、親族という社会の同質性を担保するメカニズムとの関連で「共生」が語られており、このことから、当時の社会は比較的同質的であったと考えられる。

だが、「社会の異質性が相対的に高まった時代」（一九八〇～九九年）、この時期に入り、社会学研究において「共生」が使用されるカテゴリの主流は「親族組織」から「共生社会」や「環境」にシフトした。「共生社会」というカテゴリで「共生」が語られる場合、その項は明示されないまでも、社会のなかに複数の異質なものの存在することが含意されている。また、「環境」というカテゴリでそれが語られる場合も、環境を回復ないし保全しようと意欲するものとそうでないものなど、環境をめぐって社会のなかに複数の立場の存立しうることが暗示されている。いずれの場合も、間接的なかたちで、社会のはらむ異質性が指示されているのである。このことに着目するなら、この時期の社会ではいわばその同質性は綻びはじめていたと考えられる。

そして、「社会の異質性が相対的に高かった時代」（二〇〇〇～二〇〇九年）、この時期に入ると、社会学研究において「共生」が使用されるカテゴリの主流は「共生社会」「環境」から「エスニシティ」へとさらにシフトした。ここでは、母語や国籍を共有しない等、異質度の高い集団同士の関係が問題とされていた。この点に鑑みるなら、この時期の社会ではその同質性は危機に瀕していたと考えられるだろう。「他者」というカテゴリでの「共生」の使用がこの時期に入ってピークに達したということも、このことを裏づける。そこでは私たちはおたがいを「われわれ」としては表象しえず「他者」として表象するのである。

最後に、「共生」の事実概念から規範概念へのシフトという二つめの質的動向に関してみておこう。当該社会の異質性が増大すればするほど、「共生」は事実としては成立しがたくなっていく。そのためしだいに、事実を示す概念としてではなく、未来に期待されるべき理念を示す概念としてそれは用いられるようになってきたと考えられる。

「社会学研究の経路依存性」および「日本社会の異質性の増大」というこれら社会学研究内外の要因が相まって、『社会学評論』における「共生」の量的・質的変動は生じたとみることができるのかもしれない。むろん、これは一つの粗描にすぎない。拡大家族の衰退、男女平等やノーマライゼーションの進展、環境保護意識の高まり、一九九〇年の入管法改正以降のニューカマーの増大を主因とする在日外国人の急増など、日本が戦後七十年余りのあいだに経験した多様な歴史的事象もこうした「共生」の量的・質的動向には一定の影響を及ぼしているだろう。これらの事情にも配慮した検討については、いまは立ち入らず今後の課題としたい。

以上、内的要因と外的要因とに関連づけながら、『社会学評論』における「共生」の量的・質的動向について手短に考察した。『社会学評論』をとおしてみるかぎり、社会学研究は、前章で人びとの社会意識においてみられた「ジェンダー」「障害」「世代」「地域」などのカテゴリを、「共生」という観点からはほとんど論じてこなかった(**表3**参照)。その点で、人びとの社会意識にくらべ、社会学はより狭いかたちで「共生」についてとらえてきたとみてよい。だが、力を持つ側／持たぬ側のいずれであれ、社会学がその一方の側のみを問題化するかたちでこれらのカテゴリについて論じがちである点に思いをいたすのなら、共に生きるものとして双方の側を問題化する「共生」という観点から社会学があらためてこれらをとらえ直すことには大きな意義があるといえるだろう。

それゆえに本書は、こうした課題に対する一つの回答として、理念や理想として「共生」を掲げる近年の規範論的な社会学の動向（本章「結果」の「質的動向」の②参照）とは一線を画し、事実の記述に徹することで社会的カテゴリの更新という現象を描きだすとともに、「共生」のための資源たるものを指し示すことに主眼を置いてきたのである。

●文献

North, D.［1990］*Institutions, Institutional Change and Economic Performance*, Cambridg University Press.（＝［1994］竹下公視訳『制度・制度変化・経済成果』晃洋書房）

Weber, Max［1921］"Soziologische Grundbegriffe," in *Wirtschaft und Gesellschaft: Grundriß der verstehenden Soziologie*, J.C.B. Mohr.（＝［1972］清水幾多郎訳『社会学の根本概念』岩波書店）

青木秀男［1992］「日本のアーバン・エスニシティ――都市下層の調査から」『社会学評論』42(4): 346-359

小内透［1999］「共生概念の再検討と新たな視点――システム共生と生活共生」『北海道大学教育学部紀要』79: 123-144

杉野昭博［1994］「社会福祉と社会統制――アメリカ州立精神病院の「脱施設化」をめぐって」『社会学評論』45(1): 16-30

中田實［1995］「環境問題と環境社会学」『社会学評論』45(4): 402-413

中野秀一郎［1990］「〈書評〉駒井洋著『国際社会学研究』」『社会学評論』40(4): 461-462

野口道彦［2003］「都市共生社会学のすすめ」，野口道彦・柏木宏編『共生社会の創造とＮＰＯ』明石書店、17-45

長谷正人［2006］「〈研究動向〉分野別研究動向（文化）――「ポストモダンの社会学」から「責任と正義の社会学」へ」『社会学評論』57(3): 615-633

広田康生［2006］「テーマ別研究動向（移民研究）――〝共生〟を巡る秩序構造研究に向けて」『社会学評論』57(3): 650-660
福岡安則［1982］「〈書評〉女性学研究会編『女性学をつくる』・女性社会学研究会編『女性社会をめざして』」『社会学評論』33(1): 88-91
船橋晴俊［1984］「〈書評〉栗原彬著『管理社会と民衆理性――日常意識の政治社会学』」『社会学評論』35(1): 95-98
三上勝也［1990］「〈書評〉鳥越皓之編『環境問題の社会理論――生活環境主義の立場から』」『社会学評論』41(3): 324-325
光吉利之［1974］「現代産業社会と親族関係――1・2の理論的検討（〈特集〉家族と現代社会）」『社会学評論』25(2): 49-61
宮原浩二郎［2001］「〈書評〉数土直紀著『理解できない他者と理解されない自己――寛容の社会理論』」『社会学評論』52(3): 472-473

私たちは「共生」をどのようなものとしてとらえているのか

本書が「共生」の論理を探究するにあたって、この概念が社会一般のなかではどのように理解され、用いられているのかを概観したのがこの「社会意識」のパートである。第9章では人びとの社会意識の探索をとおして、第10章では日本の社会学界での「共生」の論じられ方の変遷を辿ることで、この課題に取り組んでいる。「ジェンダー」「障害」「世代」「ナショナリティ」といった諸々の問題系が、「共生」という概念といかなる結びつき方を見せているのか（いないのか）を明らかにする点で両者は共通しており、「共生」のとらえ方が社会の状態と連動して推移するものであることを述べた。そこから、「共生の論理」を探究するための学的なアプローチのあり方も引きだされたことになる。

第9章の坂口真康・岡本智周『『共生』にかかわる社会意識の現状と構造』では、複数の社会意識調査の結果をもとに、現在の日本社会における共生にかかわる社会意識の様態を提示した。最初に着目したのが「共生社会」という言葉の認知のされ方である。「共生」という言葉が一般的に用いられるようになったなかで、実際の社会を生きる人びとにこの言葉がどのように理解されているのか。分析の結果から、人びとのこの言葉の理解にはグラデーションがあることが示されるが、「共生」という言葉の意味を知っているとする人ほど、社会的な葛藤についての認識の幅も広がる点が重要である。

さらに、「国家」「国民」カテゴリを越境したり可塑的なものととらえたりすることに対する柔軟さが、障害者や高齢者といったまた別の問題系の社会的弱者への支援意欲の高さと関連することが示された。社会的カテゴリをほかなるあり方も可能なものとして相対化する思考は、他者を積極的に受容するための基盤になりうるとしたのが第9章での議論である。われわれはこうした共生社会意識の構造から、社会的葛藤を解きほぐす糸口を見出すことができる。

第10章の大黒屋貴稔「戦後日本の社会学にみる学知の更新――『社会学評論』における『共生』言説の量的・質的変遷」は、日本でもっとも有力な社会学雑誌である『社会学評論』（日本社会学会）を素材として、社会学界が「共生」概念をいかなるかたちでとらえ、論じてきたのかを明らかにした。一九五〇年から二〇〇九年までの六十年間に同誌に掲載された論文のうち、注釈と引用文献を含めた文中で「共生」という語を使っている七十三本を対象とし、「共生」をとりまく社会学知の動態を析出している。

まず「共生」が論じられる文脈の整理と数量的検討からは、一九七〇年代までは「共生」概念を用いた議論のほとんどが「親族組織」をめぐってのものであったことがわかる。その後一九八〇年代から「共生」を語る社会学の論題は多様化し、その主流は、社会のあり方についての議論から環境問題を経て、エスニシティおよび他者性をめぐる問題へと推移している。社会を構成する要素、社会をとりまく要素が多様化するなかで、「共生」の論じ方が変化してきたのである。ここでも一九八〇年代が社会の変化を顕著に示す時期となっていることに注目できよう。さらに第9章では、社会意識のなかに見出された「共生」にかかわる問題の多様さが、『社会学評論』に掲載された研究群においてはそのままの幅広さでは検討の対象とされてこなかったことも指摘された。本書全体での取り組みは、この点に対して意義を主張できることになるだろう。

また、一九七〇年代までの社会学論文における「共生」はすべて事実概念であるのに対して、八〇年代以降のそれは規範概念として用いられることが大勢となることも、第10章での重要な知見である。「過去や現在の事実」を表していたはずの言葉が、「未来に期待されるべき理念」を表現する言葉へと意味を変えたことは、社会学の側の性格の変化と併せて考えられるべきである。

後期近代において、社会についての再帰的理解はその根拠の正当性を無限後退させていくものとなっており、それゆえに行為者水準では根拠の吟味を一定の段階で思考停止し、ある発話者を「信じる」ことによって社会についての説明を合理化することがおこなわれる（これがポピュリズムと呼ばれる）。第10章の議論からは、この傾向がほかならぬ社会学者の思考にも見出されるということになるだろう。もちろん社会学者の側にも、なんらかの理念を掲げ、現象への具体的な働きかけを意図して社会設計に向かう自由はあるが、それが自らを行為者水準においたプロジェクトであることは自覚されなければならない。

そのような行為者の働きかけを観察する水準こそが、学問研究の主舞台であり、それがために学的営みにおいては再帰的理解の無限後退への耐性は必須である。社会学者は観察者水準にあって、理解の根拠を提示するその根拠が疑われつづける事態に向き合わなければならない。

本書における共生社会研究が、採用され更新されていく社会的カテゴリの存在と内容を記述することに徹しようとしたことの意義はここにある。理念や理想の表明、また価値や規範に係る葛藤については、行為者水準のものとして描出しその動態を分析する。そのうえで、社会的カテゴリの更新に向けて利用することが可能な資源の諸々を、見出す機会も生じるのである。

（岡本智周）

おわりに――共生の追求／追究のために

丹治恭子

二〇一〇年代の日本において広く認知されるようになった「共生」という語は、二十世紀後半に社会運動の言葉として現出し、一般化したものである。障害児の共生・共育運動やフェミニズム、多文化主義を求める運動のなかで共生は、特定の障害・性別・国籍・文化的背景をもった人びとが差別されず、社会の一員として「共に生きる」ための理念として掲げられた。

その後、これらの運動を経て生みだされた女性学や障害学、多文化社会研究は、「あるもの」と「異なるもの」を隔てているのは「男性／女性」「健常／障害」「日本人／外国人」といった人間の認識水準における社会的カテゴリの存在である、という新たな知見を呈した。この見方を得たことによって共生は、社会運動が目指す理想ではなく、人びとが用いるカテゴリの更新の過程としてとらえることが可能となった。

本書はこうした先行分野における検討をもとに、「共生」を人びとの認識水準での「社会的カテゴリの更新」として定義し、記述に注力することで現状の把握と提示に努めた。そこでは、「正しさ」の象徴として示される伝統も、成人や定年といった社会的な役割の節目とされる年齢も、共生という語が指し示す意味内容でさえも、更新を余儀なくされていた。従来の共生研究の対象であったジェンダー、障害、ナショナリティといった固有の領域のみならず、近代では自明とされたさまざまなカテゴリが、絶えざる変化への要請にさらされていたのである。

加えて、本書によって新たに見出されたのが、領域の異なる社会的カテゴリが連動するかたちで更新されていたことである。たとえば、「ナショナリズム」パートにおいては、伝統や歴史の意味内容の更新にともない、そこで前提とされる国家や地域といった概念が問い返され、「ケア」パートにおいては、ケアを提供する側と受ける側に役割が固定化されてきた「ジェンダー」と「障害」の双方のカテゴリがともに更新されていた。ある領域で生じた更新が、別の領域での更新を呼び起こす契機となっていたのである。

さらに述べると、とりわけ「ケア」「世代」パートにおいては、領域横断的なカテゴリの更新を経たその先に、社会変動へと至る道筋が認められた。これら二つのパートでは、カテゴリ間の序列性を問題とみなす「ジェンダー」「障害」「世代」領域を対象とし、女性学におけるジェンダーや障害学における社会モデル、エイジズムといった観点から、人間の心身に対する意味づけを問うてきた。そしてそこでは、差別の原因は個人の身体ではなく社会に帰属するものであるとの想定から、社会のあり方そのものが批判の対象とされていた。これに加えて、二つのパートをまたいで展開された更新の連なりからは、女性・障害者・高齢者といった人びとを「主体」として位置づけなおすためには、「自立した個人」や公私区分、労働倫理といった近代社会を基礎づける人間観や社会観も刷新を免れえないことが示された。それぞれの社会運動において生じた自らの地歩からカテゴリをとらえ直そうとする営みは、領域の枠を超えて、近代社会の根幹となる概念を問い質すものとなっているのである。ここには、徹底したカテゴリの更新が社会の変容を導きだす可能性が示唆されている。

本書の結びにあたり、共生を問うさいの視角について述べておきたい。本書では、歴史やネイションの理解においては、現在自分がとらえている場景のみならず、自らの立脚する時間的・空間的位置をも把握する必要があることが指摘された。これは、自らの立場性を自覚するという点で、共生を論ずるさいにも応用が可能である。先にもみたとおり、共生には、おもに実践的・政策的場面で用いられる平等を求める理念と観察者の位相からとらえたカテゴリの更新という二つの側面があるが、行為者としてカテゴリの更新を促すことで共生を追求する場合にも、観察者の立場からカテゴリの推移を読みとって共生の意味を追究する場合のいずれにおいても、自らの位置づけを織り込んだ見方をとることが不可欠である。

この視点は同時に、本書冒頭で提示された「なぜ共生について考えなければならないのか」「われわれは問題状況にどのようにかかわりうるのか」という問いの答えへと導くものでもある。それはこの問い自体が、自身と共生との関わりを質すものであるからである。「共生」や「問題状況」といった更新を免れえないカテゴリを捕捉するためには、自らの立ち位置を組み入れて思考を進めるほかない。そして、この思考方法をとることによって、自身にとっての共生の意味は自ずと立ち現れてくるはずである。

最後になったが、本書の出版にあたって、編者や執筆者の意図を汲み、読者の方々に届くようにと多岐にわたる助言をくださった太郎次郎社エディタス・北山理子氏に深く感謝申し上げる。そうしたアドバイスがなければ、この本がこのようなかたちで世に出ることはなかった。また、貴重な時間を割いて原稿を読み、得難い意見を寄せてくださった、漆谷、須田、尹の各氏にもお礼を申し上げたい。

執筆者紹介（執筆順、編者は左ページ参照）

◉平野直子（ひらの・なおこ）
早稲田大学非常勤講師。早稲田大学大学院文学研究科社会学専攻博士後期課程単位取得退学。専門分野：宗教社会学。◉主要著作：『情報時代のオウム真理教』（共著、春秋社、2011年）、『宗教と社会のフロンティア——宗教社会学からみる現代日本』（共著、勁草書房、2012年）、『〈オウム真理教〉を検証する——そのウチとソトの境界線』（共著、春秋社、2015年）

◉熊本博之（くまもと・ひろゆき）
明星大学人文学部教授。早稲田大学大学院文学研究科社会学専攻博士後期課程単位取得退学。博士（文学）。専門分野：地域社会学、環境社会学、沖縄研究。◉主要著作：『沖縄学入門——空腹の作法』（共著、昭和堂、2010年）、『米軍基地文化』（共著、新曜社、2014年）、『持続と変容の沖縄社会——沖縄的なるものの現在』（共著、ミネルヴァ書房、2014年）

◉笹野悦子（ささの・えつこ）
早稲田大学ほか非常勤講師。早稲田大学大学院文学研究科社会学専攻博士後期課程単位取得退学。専門分野：社会学、ジェンダー研究、家族研究。◉主要著作：『共生と希望の社会学』（共著、筑波大学出版会、2011年）、『ジェンダーが拓く共生社会』（共著、論創社、2013年）

◉麦倉泰子（むぎくら・やすこ）
関東学院大学社会学部教授。早稲田大学大学院文学研究科社会学専攻博士後期課程単位取得退学。博士（文学）。専門分野：障害学、障害者福祉、福祉社会学。◉主要著作：『支援の障害学へ向けて』（共著、現代書館、2007年）、『共生と希望の教育学』（共著、筑波大学出版会、2011年）、『施設とは何か——ライフストーリーから読み解く障害とケア』（生活書院、2019年）

◉和田修一（わだ・しゅういち）
早稲田大学文学学術院教授。東京教育大学大学院文学研究科社会学専攻博士課程中退。専門分野：老年社会学、近代社会論。◉主要著作：『中高年齢層の職業と生活——定年退職を中心にして』（共編著、東京大学出版会、1983年）、*Images of Aging: Cultural Representations of Later Life*（共著、Routledge、1995年）、『生きがいの社会学——高齢社会における幸福とは何か』（共編著、弘文堂、2001年）

◉坂口真康（さかぐち・まさやす）
兵庫教育大学講師。筑波大学大学院3年制博士課程人間総合科学研究科ヒューマン・ケア科学専攻修了。博士（教育学）。専門分野：教育社会学、共生教育論、南アフリカ共和国の教育研究。◉主要著作：「南アフリカ共和国における『共生』のための教育に関する一考察」『比較教育学研究』第50号（日本比較教育学会、2015年）、『教育社会学』（共著、ミネルヴァ書房、2018年）、「「ナショナルな基準」と多様な実践の間で揺れる社会的な「共生」を志向する教育」『教育社会学研究』第106集（2020年）

◉大黒屋貴稔（おおぐろや・たかとし）
聖カタリナ大学人間健康福祉学部教授。早稲田大学大学院文学研究科社会学専攻博士後期課程単位取得退学。専門分野：知識社会学、社会学史、理論社会学。◉主要著作：「社会学教育にみる学知の変遷——『社会学史』科目を事例として」『社会学年誌』第53号（早稲田社会学会、2012年）、『生活世界の構造』（共訳、筑摩書房、2015年）、『地方発 外国人住民との地域づくり——多文化共生の現場から』（共著、晃洋書房、2019年）、『知の社会学の可能性』（共編著、学文社、2019年）

編著者紹介

◉岡本智周（おかもと・ともちか）

早稲田大学文学学術院教授。早稲田大学大学院文学研究科社会学専攻博士後期課程修了。博士（文学）。専門分野：教育社会学、共生社会学、歴史社会学、ナショナリズム研究。◉主要著作：『国民史の変貌——日米歴史教科書とグローバル時代のナショナリズム』（日本評論社、2001年）、『共生社会とナショナルヒストリー——歴史教科書の視点から』（勁草書房、2013年）、『「ゆとり」批判はどうつくられたのか——世代論を解きほぐす』（共著、太郎次郎社エディタス、2014年）、『教育社会学』（共編著、ミネルヴァ書房、2018年）

◉丹治恭子（たんじ・きょうこ）

立正大学仏教学部准教授。筑波大学大学院博士課程人間総合科学研究科ヒューマン・ケア科学専攻修了。博士（ヒューマン・ケア科学）。専門分野：教育社会学、幼児教育・保育学、ジェンダー論。◉主要著作：『共生と希望の教育学』（共著、筑波大学出版会、2011年）、『ケアのはじまる場所——哲学・倫理学・社会学・教育学からの11章』（共著、ナカニシヤ出版、2015年）、『保育原理の新基準〔改訂版〕』（共著、三恵社、2016年）、『教育の基礎と展開——豊かな保育・教育のつながりをめざして』（共著、学文社、2016年）

共生の社会学 ナショナリズム、ケア、世代、社会意識

2016年4月15日　初版発行
2020年9月1日　第2刷発行

編著者……………岡本智周・丹治恭子
デザイン…………箕浦 卓
発行所……………株式会社太郎次郎社エディタス
東京都文京区本郷3-4-3-8F　〒113-0033
電話 03-3815-0605　FAX 03-3815-0698
http://www.tarojiro.co.jp/　電子メール tarojiro@tarojiro.co.jp
印刷・製本………シナノ書籍印刷

定価はカバーに表示してあります
ISBN978-4-8118-0792-8 C0036